もくじ

※（　）の中のかん字は、できかたについて書いてあります。

本書の特長と使い方

あなたは漢字が好きですか？　本書は次の四つの特長で、漢字をしっかり学べるように工夫しました。

●例文の中で漢字の使い方を理解できます

漢字は二字以上組み合わせて（熟語）使われることが多いですし、文章の中で使えるようにならなければなりません。

この本は、その学年で勉強する漢字を五十の例文の中に全部入れています。また、例文は、理科の勉強や社会科の知識も入れています。わからない言葉（熟語）が出てきたら、国語辞典で調べてみてください。知識がどんどん広がります。

例文を読んだり、漢字を書いたりするうちに賢くなっている自分に気がつくでしょう。

●五つの例文を徹底反復学習で無理なく定着させます

漢字は一度書いたり、読んだりしただけでは覚えられません。この本では五つの例文を「三回読み」「なぞり」「読みがな」「解説」「難しい文字の書き取り（二回）」「全文書き取り（二回）」の順に繰り返し練習するようにしていますので、無理なく学習を進めることができます。

本書はページの順に以下の使い方をしてください。

① 例文を三回読む。まず、漢字を読めるようになりましょう。

② 漢字をなぞる。漢字をなぞりながら、漢字の形・読み方を確かめましょう。

③ 読みがなを書く。漢字が読めるようになったかを確かめましょう。

④ 古代文字などを楽しみましょう。古代文字やイラストなどの説明を読んで、漢字のでき方などを知りましょう。

⑤ 漢字を書く。ちゃんと漢字の形を覚えたか確かめましょう。

⑥ この本の終わりに、学年の漢字を全部使ったテストがあります。そのテストで実力を確認しましょう。

●手書き文字がお手本になります

この本では活字ではなく、実際に書くときにお手本になるような文字を使っています。なぞったり、見本の文字として活用してください。

●古代文字の解説があります

漢字は、三千年以上も前に中国で作られました。そして、今も日本や中国で使われています。漢字は長い間使っているうちに、書きやすい字、速く書ける字、美しい字がいろいろ発明されてきました。そうやって、だんだんと字の形が変わってきました。

漢字を勉強しているあなたに、古代文字にふれてもらって、漢字がさらに好きになってもらいたいなと思って、「漢字のでき方」のページを作りました。

「いぬ」の漢字を見てみましょう。古代文字では「[illegible]」と書きました。犬の形がよくわかります。でも、今の「犬」の方が書きやすいですね。「やま」も「[illegible]」や「[illegible]」（二字とも古代文字）より「山」が書きやすいでしょう。漢字も一字一字、意味や読み方、書き方を覚えるための練習がとても大事ですが、ときどき、昔の字はどんな形だったのだろうと考えてみてください。きっと漢字の勉強が今までよりもっと楽しくなりますよ。

桝谷　雄三

＊本書の例文は『スピード学習漢字プリント』（桝谷雄三著・フォーラム・A　二〇〇九年）の例文を再編集致しました。

二年生で　ならう　かん字の　れい文　①～⑨

※太い字は二年生でならうかん字です。

① **弓矢**(ゆみや)と**刀**(かたな)が**後**(うし)ろの**戸**(と)だなにある。

② 三**角**(さんかく)じょうぎで**直線**(ちょくせん)を**引**(ひ)く。

③ **海**(かい)がんに力**強**(ちからづよ)い**形**(かたち)の**岩**(いわ)がある。

④ **弱**(よわ)い力(ちから)だが**半分**(はんぶん)はまとに**当**(あ)たった。

⑤ **顔**(かお)や**体**(からだ)つきがよくにた**兄弟**(きょうだい)だ。

⑥ **父**(ちち)が日**曜**大**工**(にちようだいく)で**台**(だい)を**作**(つく)った。

⑦ **父母**(ふぼ)は**昼**(ひる)ごろ**帰**(かえ)ってきた。

⑧ **兄**(あに)の**友**(とも)だちが**遠**(とお)くから**来**(き)た。

⑨ **姉**(あね)は**東京**(とうきょう)の**親友**(しんゆう)に**電話**(でんわ)をした。

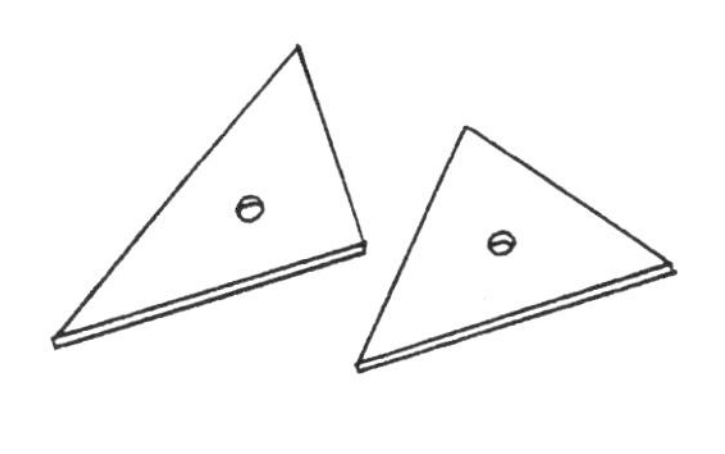

二年生で　ならう　かん字の　れい文 ⑩～⑱

※太い字は二年生でならうかん字です。

⑩ **妹**は**黒**ばんの**細**かい字も**読**める。

⑪ **谷**川で**魚**つりをする**親**子がいる。

⑫ **北**から**南**へ**数万**の**鳥**がわたる。

⑬ **広**い**野原**で**牛**が**鳴**いている。

⑭ **草原**を**黒**い**馬**が**風**を**切**って**走**る。

⑮ **野鳥**が木に**止**まって**羽**を休める。

⑯ **自分**の**考**えを**言**う。

⑰ ツルは**首**が**細長**い**鳥**。

⑱ **夏**の入**道雲**を**画用紙**にかいた。

二年生で　ならう　かん字の　れい文　⑲～㉖

※太い字は二年生でならうかん字です。

⑲ **角**の**公園**へさん**歩**に**行**った。

⑳ **冬**の**雪道**を**弟**と**走**る。

㉑ **工作**で**黄色**い**紙**を小**刀**で**切**った。

㉒ **午前**と**午後**で**当番**を**分**けた。

㉓ **夜**、**寺**の**門**を**通**るのはこわい。

㉔ **秋**の**遠**足は、**間近**です。

㉕ **話**を**聞**いて**古里**を**思**い出す。

㉖ **教室**に**社会科**の**地図**がある。

二年生で　ならう　かん字の　れい文　㉗～㉞

※太い字は二年生でならうかん字です。

㉗ **毎**日**少**しずつ**算数**のべん**強**をする。

㉘ **答**えがぜんぶ**合**って**国語**は百**点**だ。

㉙ **売店**で**新聞**を**買**おうと**言**う。

㉚ **家**での生**活**を日**記**に**書**く。

㉛ **市内**は**交通**がべんりです。

㉜ **才**のある**画家**が**多色**で**絵**をかく。

㉝ **時**どき、**汽**車で**海**へ**行**き**船**を見る。

㉞ **夜明**け**前**に**東**の空で**星**が**光**った。

二年生で　ならう　かん字の　れい文　㉟～㊷

※太い字は二年生でならうかん字です。

㉟　高校の理科室に何回も行った。

㊱　友だちは、朝、読書をする。

㊲　赤ちゃんは頭の毛がまだ少ない。

㊳　池の魚に毎朝えさをやる。

㊴　たった今、昼食で牛肉を食べた。

㊵　この店は新しい米を売っている。

㊶　船長は外国へ行く計画を立てた。

㊷　来週の音楽の時間が楽しみだ。

二年生で　ならう　かん字の　れい文　㊸～㊿

※太い字は二年生でならうかん字です。

㊸ **元気**(げんき)に**校歌**(こうか)を**歌**(うた)う**声**(こえ)がする。

㊹ **太**(ふと)い**丸太**(まるた)を**組**(く)んで足**場**(あしば)にする。

㊺ **同**(おな)じ**組**(くみ)に**知**(し)り**合**(あ)いがいて**心強**(こころづよ)い。

㊻ この**国**(くに)には**春夏秋冬**(しゅんかしゅうとう)の**四**(し)きがある。

㊼ **方角**(ほうがく)には**東西南北**(とうざいなんぼく)がある。

㊽ **明**日(あす)は**西**(にし)から**晴**(は)れるそうです。

㊾ **兄**(あに)は**体**(たい)いくの**後**(あと(のち))、**麦茶**(むぎちゃ)をのんだ。

㊿ **場内**(じょうない)に**明**(あか)るい**光**(ひかり)がさした。

れい文①～⑤

文を　三回　読みましょう

名前

月　日

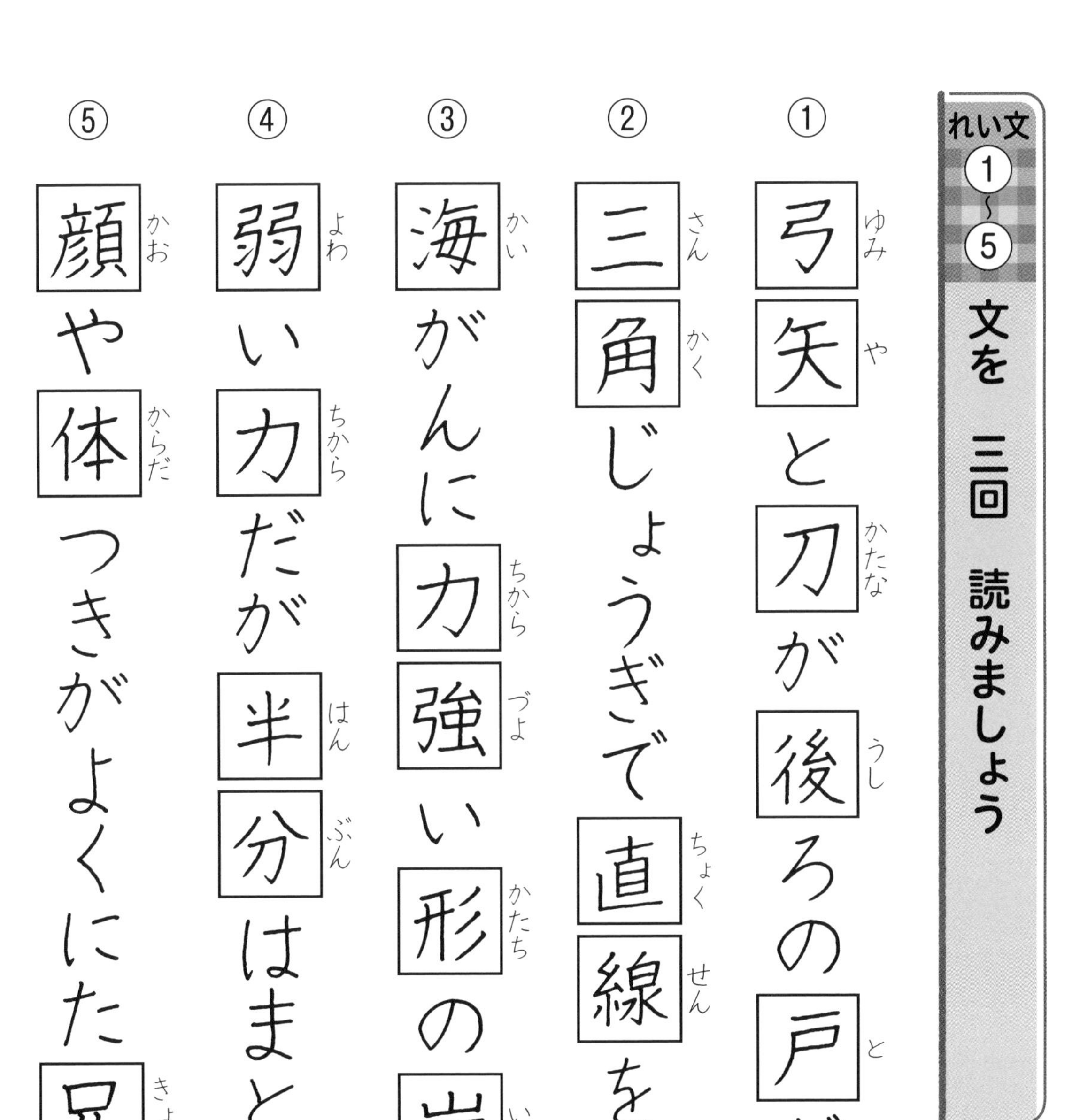

① 弓(ゆみ)矢(や)と刀(かたな)が後(うし)ろの戸(と)だなにある。

② 三(さん)角(かく)じょうぎで直(ちょく)線(せん)を引(ひ)く。

③ 海(かい)がんに力(ちから)強(づよ)い形(かたち)の岩(いわ)がある。

④ 弱(よわ)い力(ちから)だが半(はん)分(ぶん)はまとに当(あ)たった。

⑤ 顔(かお)や体(からだ)つきがよくにた兄(きょう)弟(だい)だ。

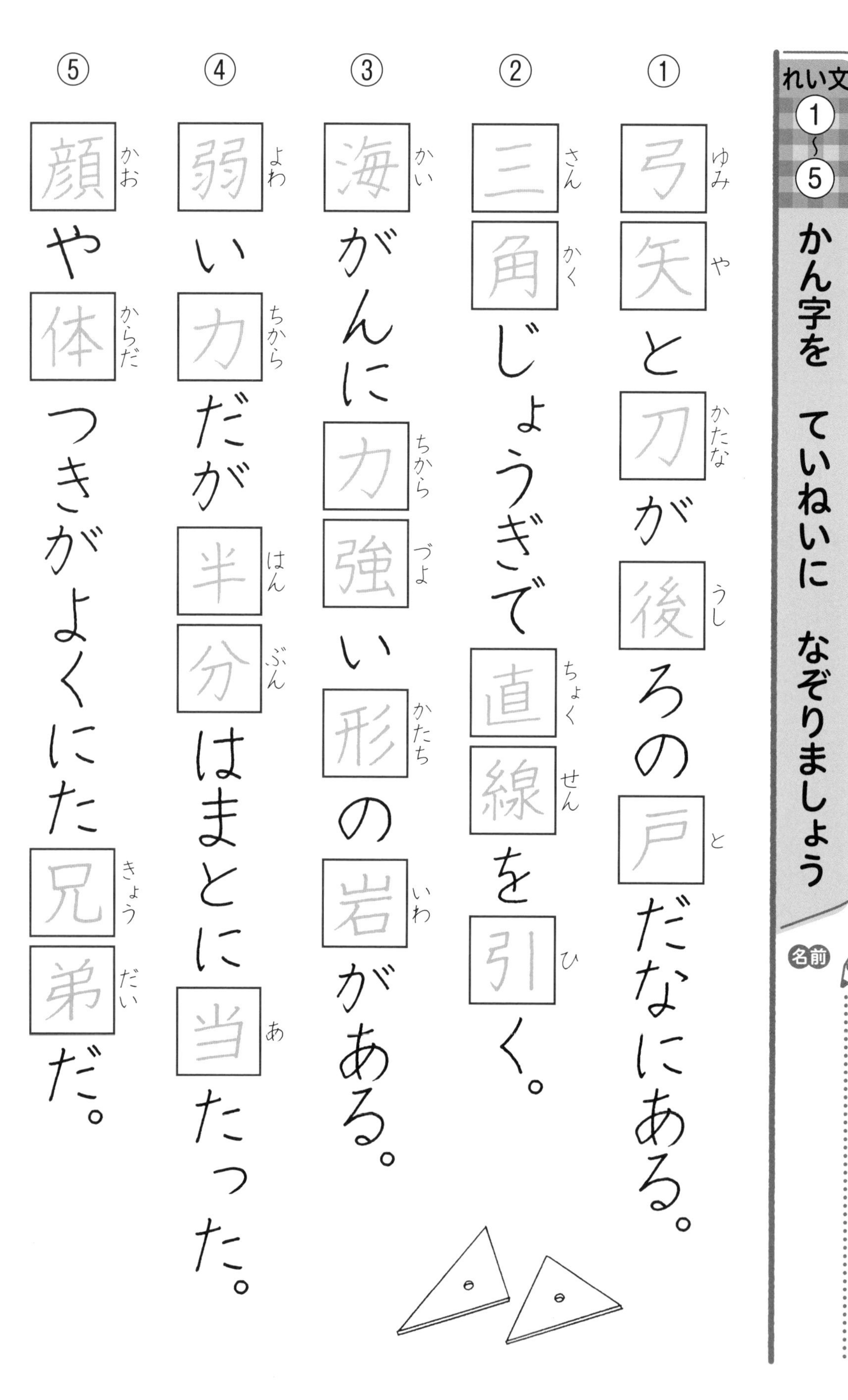

れい文①～⑤

かん字を　ていねいに　なぞりましょう

名前

月　　日

① 弓矢と刀が後ろの戸だなにある。

② 三角じょうぎで直線を引く。

③ 海がんに力強い形の岩がある。

④ 弱い力だが半分はまとに当たった。

⑤ 顔や体つきがよくにた兄弟だ。

れい文①～⑤

かん字に　読みがなを　つけましょう

名前　月　日

（答え➡9ページ）

① 弓矢と刀が後ろの戸だなにある。

② 三角じょうぎで直線を引く。

③ 海がんに力強い形の岩がある。

④ 弱い力だが半分はまとに当たった。

⑤ 顔や体つきがよくにた兄弟だ。

れい文 ①〜⑤ かん字の でき方を 読みましょう

名前

月　日

弓

ゆみ　　弓を引く

弓の形を字にしました。

引

ひ-く　イン　　つな引き　引力

弓と｜から引になりました。弓を引くという意味から、いろいろなものを「ひく」ことを表します。

強

つよ-い　キョウ　　風が強まる　強力

弘と虫から強になりました。虫から取り出した糸を弓にはると強かったので、「つよい」ことを表す字になりました。

弱

よわ-い　ジャク　　弱い雨　強弱

弓をならべた字。

弓は、儀式のときに使うかざりのついた弓で、弱い弓です。それで「よわい」ことを表す字になりました。

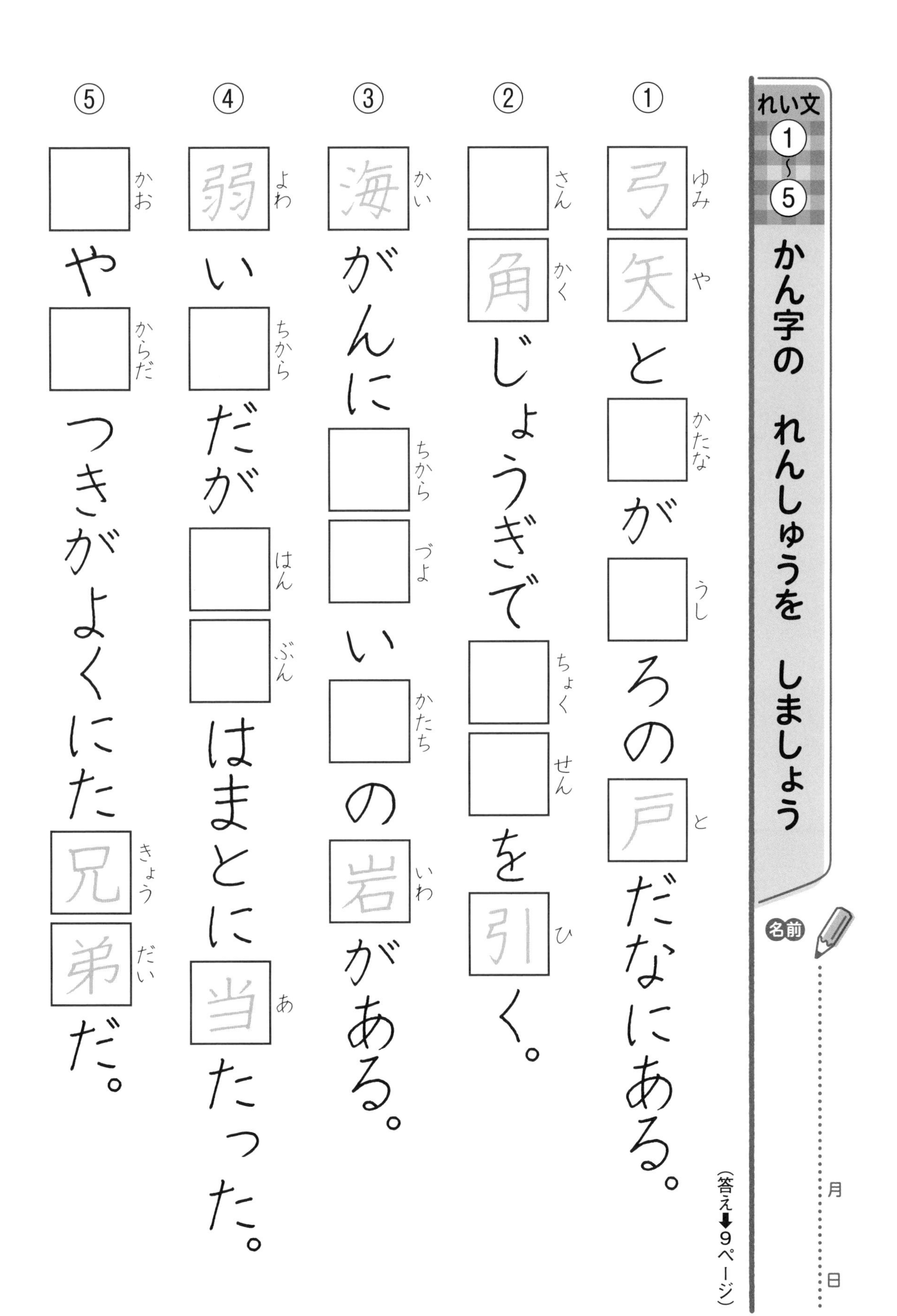

れい文 ①〜⑤

かん字の　れんしゅうを　しましょう

名前

月　日

（答え➡9ページ）

① 弓(ゆみ)矢(や)と□(かたな)が□(うし)ろの戸(と)だなにある。

② □(さん)角(かく)じょうぎで□(ちょく)□(せん)を引(ひ)く。

③ 海(かい)がんに□(ちから)□(づよ)い□(かたち)の岩(いわ)がある。

④ 弱(よわ)い□(ちから)だが□(はん)□(ぶん)はまとに当(あ)たった。

⑤ □(かお)や□(からだ)つきがよくにた兄(きょう)弟(だい)だ。

れい文 ①〜⑤

かん字の れんしゅうを しましょう

名前

月　日

（答え↓9ページ）

① □(ゆみ)□(や)と刀(かたな)が後(うし)ろの□(と)だなにある。

② □(さん)□(かく)じょうぎで直(ちょく)線(せん)を□(ひ)く。

③ □(かい)がんに□(ちから)強(づよ)い形(かたち)の□(いわ)がある。

④ □(よわ)い□(ちから)だが半(はん)分(ぶん)はまとに□(あ)たった。

⑤ 顔(かお)や体(からだ)つきがよくにた□(きょう)□(だい)だ。

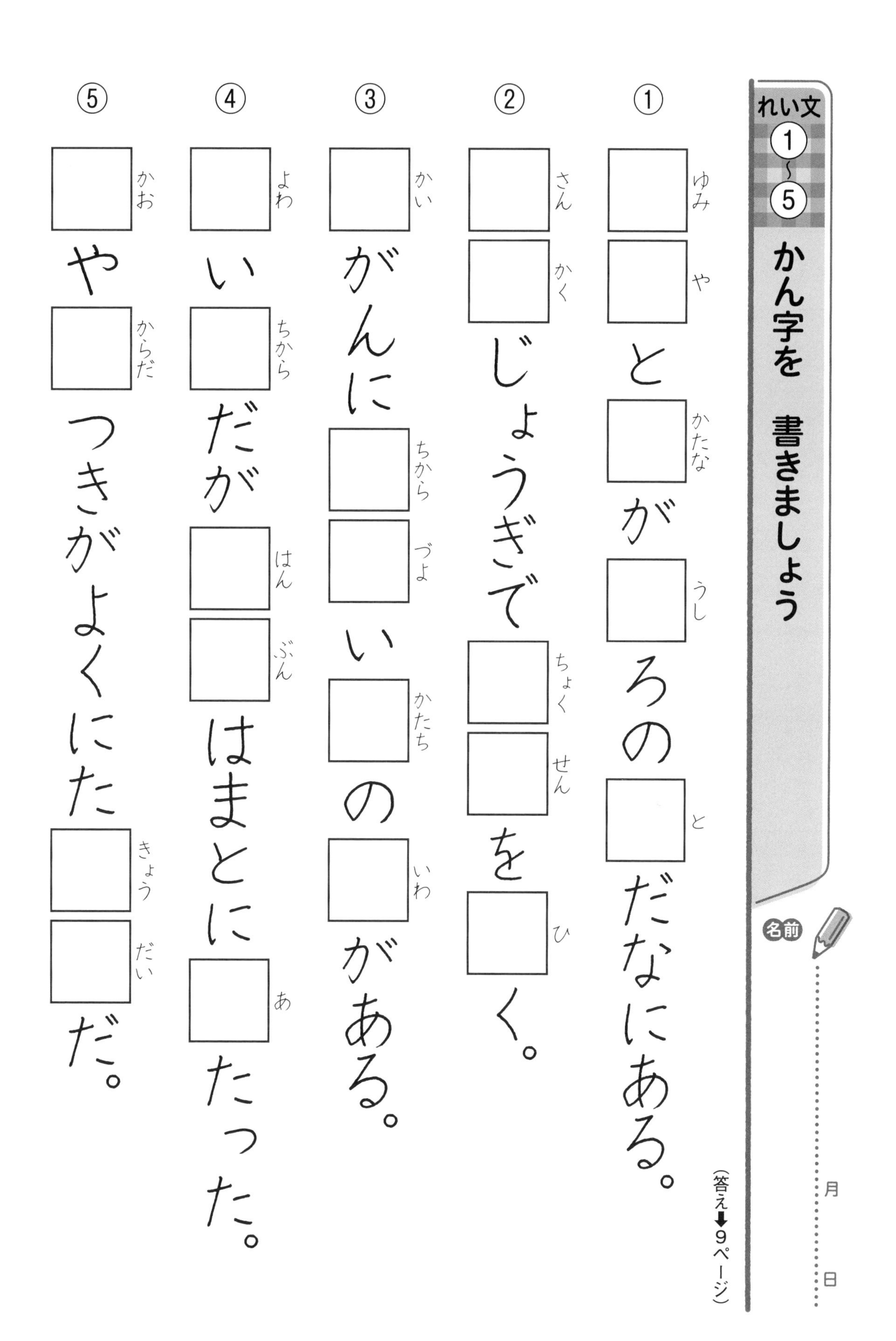

れい文①〜⑤ かん字を 書きましょう

名前
月　日

（答え➡9ページ）

① □□（ゆみや）と□（かたな）が□（うし）ろの□（と）だなにある。

② □□（さんかく）じょうぎで□□（ちょくせん）を□（ひ）く。

③ □（かい）がんに□□（ちからづよ）い□（かたち）の□（いわ）がある。

④ □（よわ）い□（ちから）だが□□（はんぶん）はまとに□（あ）たった。

⑤ □（かお）や□（からだ）つきがよくにた□□（きょうだい）だ。

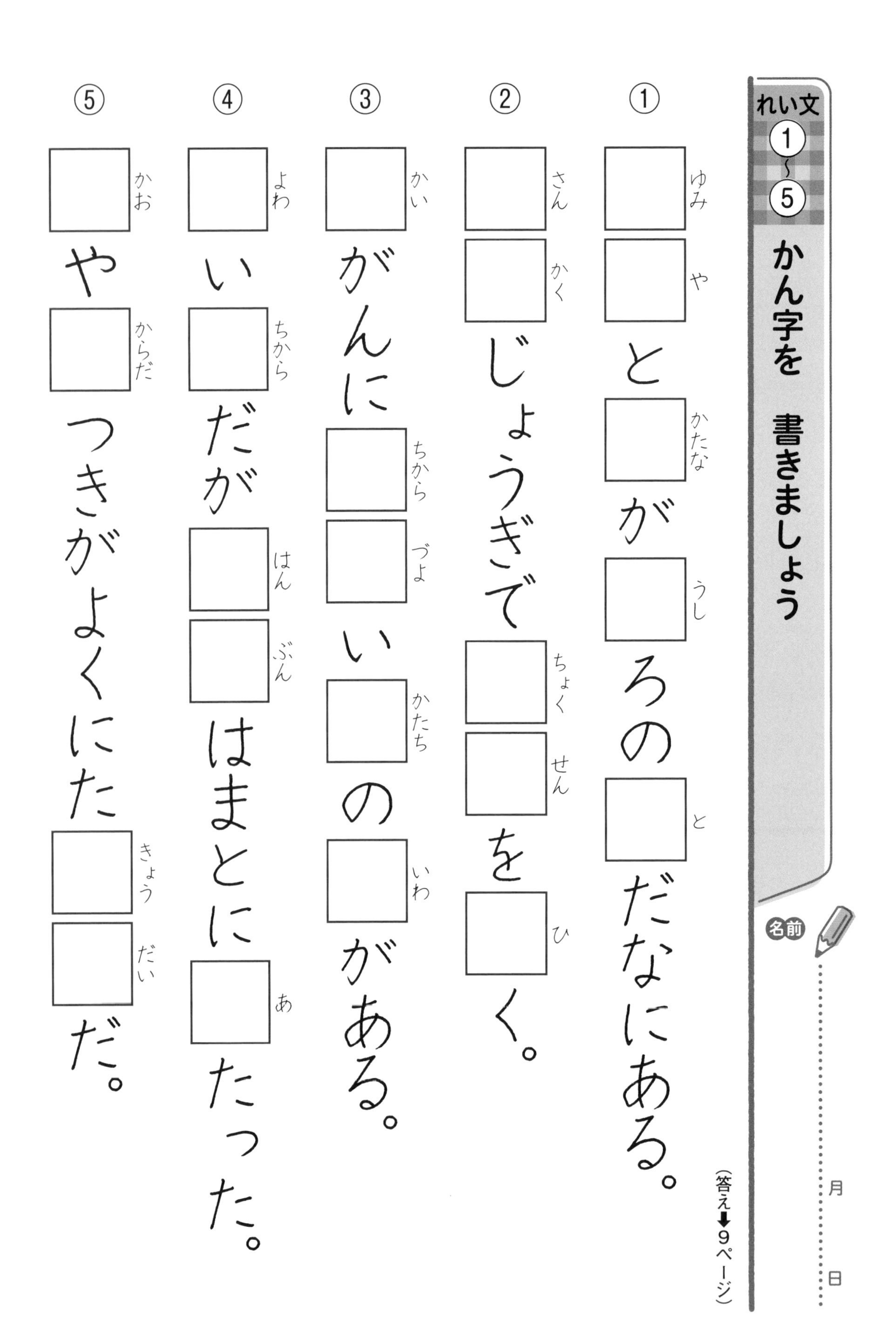

れい文①〜⑤

かん字を　書きましょう

名前　　月　　日

（答え➡9ページ）

① □（ゆみ）□（や）と□（かたな）が□（うし）ろの□（と）だなにある。

② □（さん）□（かく）じょうぎで□（ちょく）□（せん）を□（ひ）く。

③ □（かい）がんに□（ちから）□（づよ）い□（かたち）の□（いわ）がある。

④ □（よわ）い□（ちから）だが□（はん）□（ぶん）はまとに□（あ）たった。

⑤ □（かお）や□（からだ）つきがよくにた□（きょう）□（だい）だ。

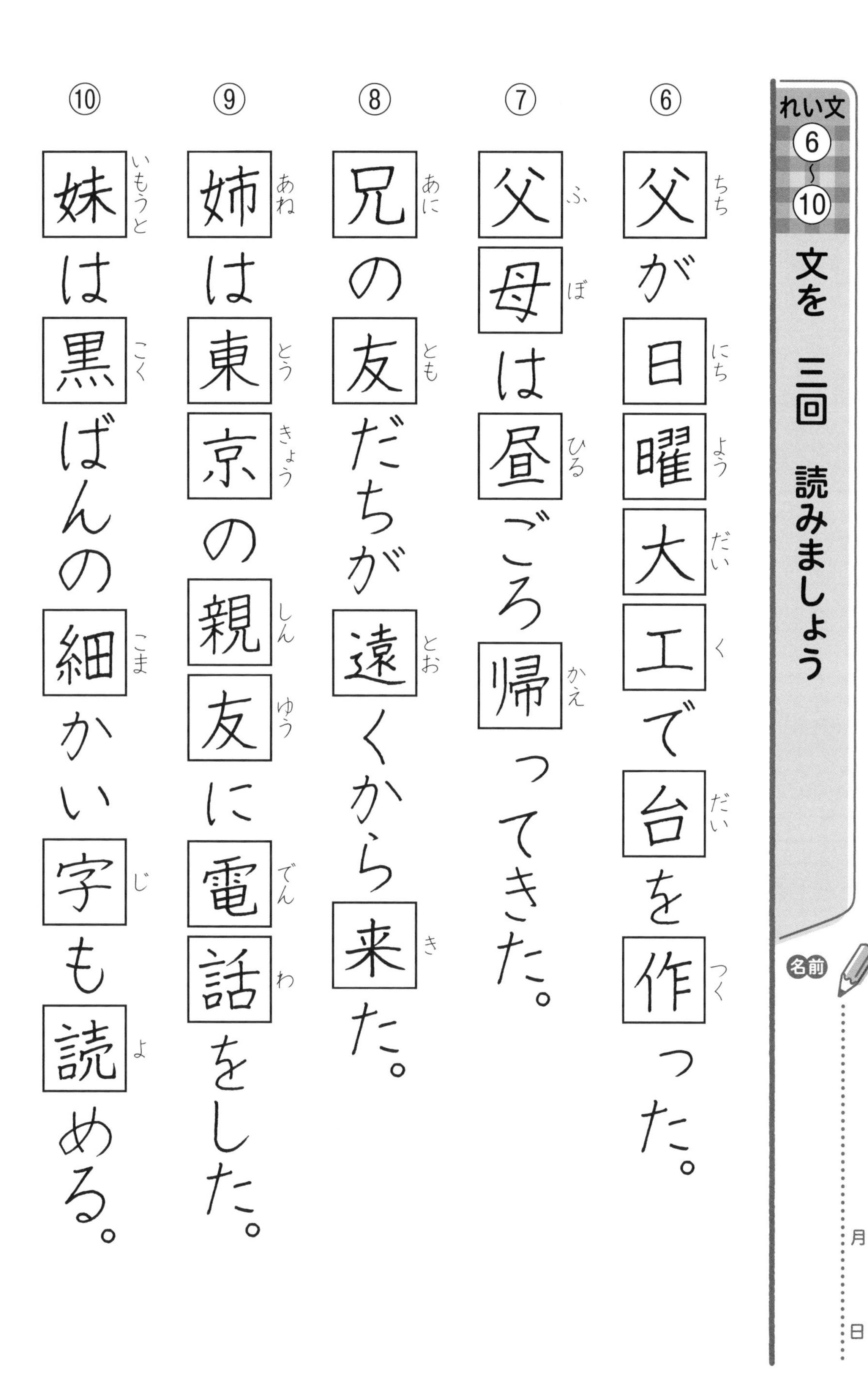

れい文 ⑥〜⑩

文を　三回　読みましょう

名前

月　日

⑥ 父が日曜大工で台を作った。

⑦ 父母は昼ごろ帰ってきた。

⑧ 兄の友だちが遠くから来た。

⑨ 姉は東京の親友に電話をした。

⑩ 妹は黒ばんの細かい字も読める。

れい文 ⑥～⑩

かん字を　ていねいに　なぞりましょう

名前

月　日

⑥ 父(ちち)が日(にち)曜(よう)大(だい)工(く)で台(だい)を作(つく)った。

⑦ 父(ふ)母(ぼ)は昼(ひる)ごろ帰(かえ)ってきた。

⑧ 兄(あに)の友(とも)だちが遠(とお)くから来(き)た。

⑨ 姉(あね)は東(とう)京(きょう)の親(しん)友(ゆう)に電(でん)話(わ)をした。

⑩ 妹(いもうと)は黒(こく)ばんの細(こま)かい字(じ)も読(よ)める。

れい文 ⑥〜⑩

かん字に　読みがなを　つけましょう

名前

月　日

（答え➡17ページ）

⑥ 父が日曜大工で台を作った。

⑦ 父母は昼ごろ帰ってきた。

⑧ 兄の友だちが遠くから来た。

⑨ 姉は東京の親友に電話をした。

⑩ 妹は黒ばんの細かい字も読める。

れい文 ⑥〜⑩

かん字の　でき方を　読みましょう

名前

月　日

父

ちち　フ

父親　父母　※父さん

手（ ）に小さなおのを持っている形。家でみんなにさしずする人を表しています。

母

はは　ボ

母親　母校　※母さん

おちちがある女の人の形。

兄

あに　キョウ

兄が二人いる　兄弟　※兄さん

口と人を合わせた字。神様にいのる文を入れる箱（ ）を頭の上にのせている形。

神様にいのりをささげるのは長男と決まっていたので、その人を兄といいました。

先（ ）、元（ ）、兄（ ）、光（ ）、児（ ）は、頭の上に何かをのせている字です。

むかしの字は （人）で、今の字は儿（にじゅうあし）で表しています。

姉

あね

姉　※姉さん

むかしの辞書に、「女の兄」と書いています。

妹

いもうと

妹

むかしの辞書に、「女の弟」と書いています。

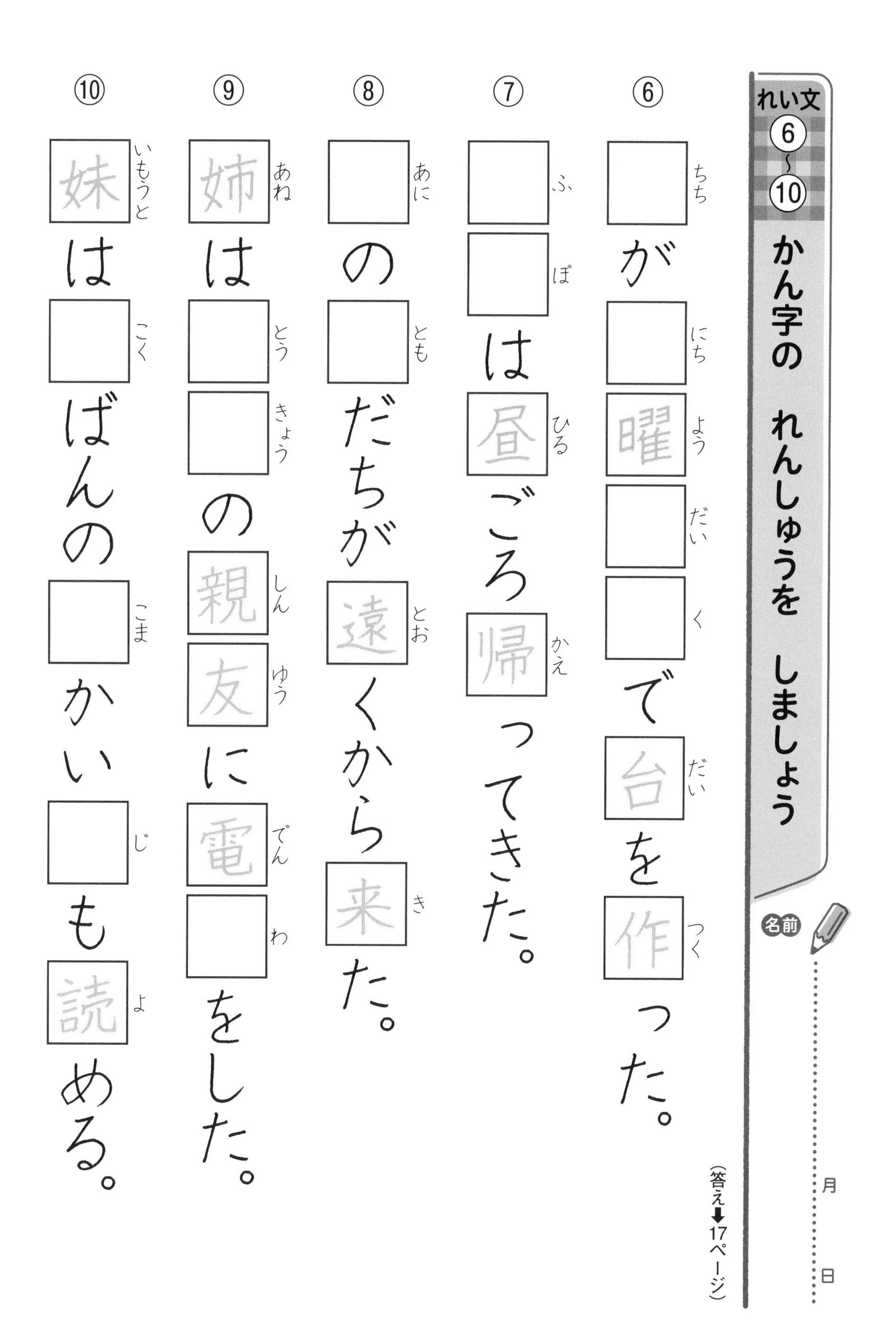

れい文⑥〜⑩ かん字の れんしゅうを しましょう

名前　　月　　日

（答え⬇17ページ）

⑥ □（ちち）が□（にち）曜（よう）□（だい）□（く）で台（だい）を作（つく）った。

⑦ □（ふ）□（ぼ）は昼（ひる）ごろ帰（かえ）ってきた。

⑧ □（あに）の□（とも）だちが遠（とお）くから来（き）た。

⑨ 姉（あね）は□（とう）□（きょう）の親（しん）友（ゆう）に電（でん）□（わ）をした。

⑩ 妹（いもうと）は□（こく）ばんの□（こま）かい□（じ）も読（よ）める。

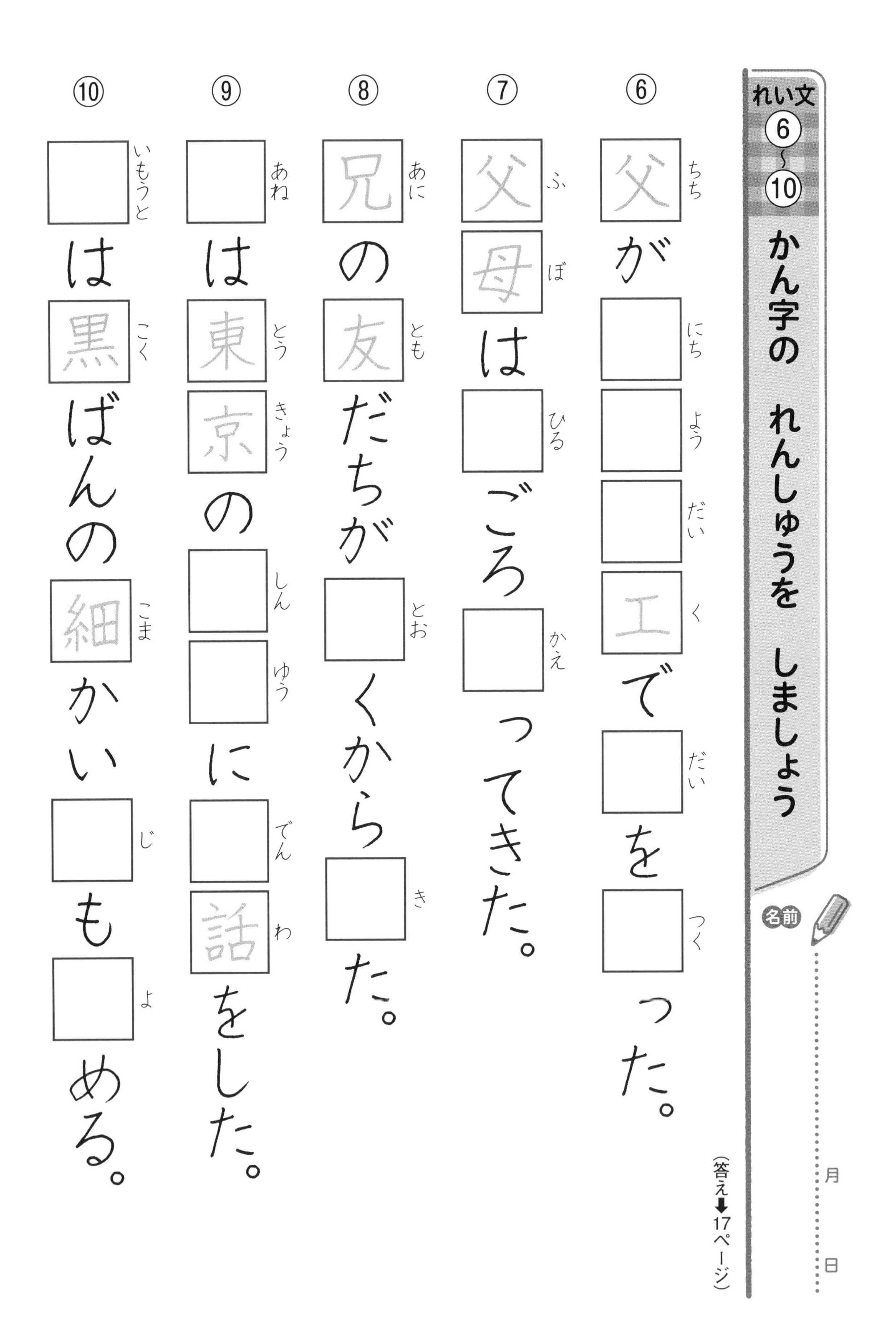

れい文 ⑥～⑩

かん字の れんしゅうを しましょう

名前　　月　　日

（答え⬇17ページ）

⑥ 父（ちち）が□（にち）□（よう）□（だい）工（く）で□（だい）を□（つく）った。

⑦ 父（ふ）母（ぼ）は□（ひる）ごろ□（かえ）ってきた。

⑧ 兄（あに）の友（とも）だちが□（とお）くから□（き）た。

⑨ □（あね）は東（とう）京（きょう）の□（しん）□（ゆう）に□（でん）話（わ）をした。

⑩ □（いもうと）は黒（こく）ばんの細（こま）かい□（じ）も□（よ）める。

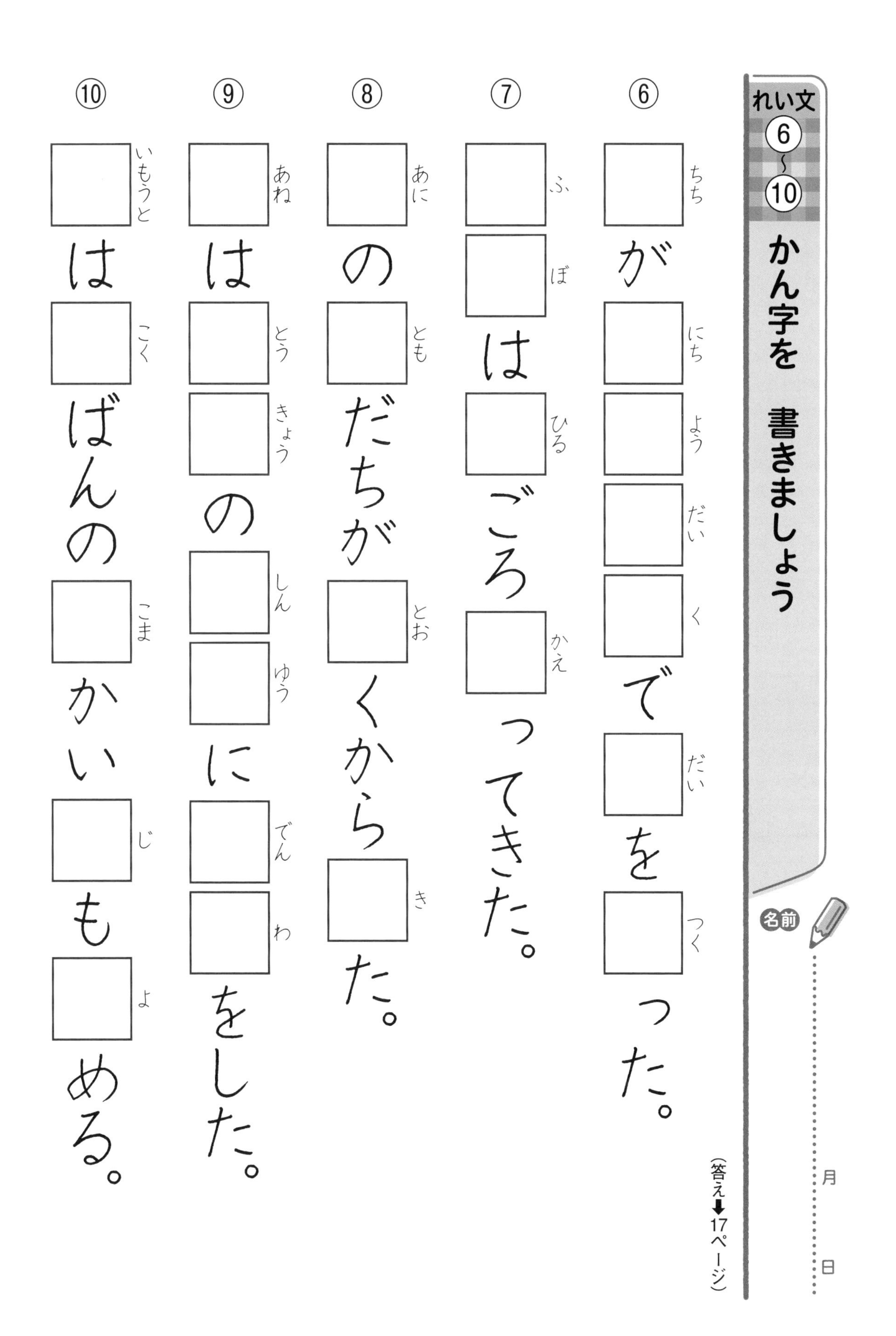

れい文 ⑥～⑩

かん字を　書きましょう

名前

月　日

⑥ □(ちち)が□(にち)□(よう)□(だい)□(く)で□(だい)を□(つく)った。

⑦ □(ふ)□(ぼ)は□(ひる)ごろ□(かえ)ってきた。

⑧ □(あに)の□(とも)だちが□(とお)くから□(き)た。

⑨ □(あね)は□(とう)□(きょう)の□(しん)□(ゆう)に□(でん)□(わ)をした。

⑩ □(いもうと)は□(こく)ばんの□(こま)かい□(じ)も□(よ)める。

(答え⬇17ページ)

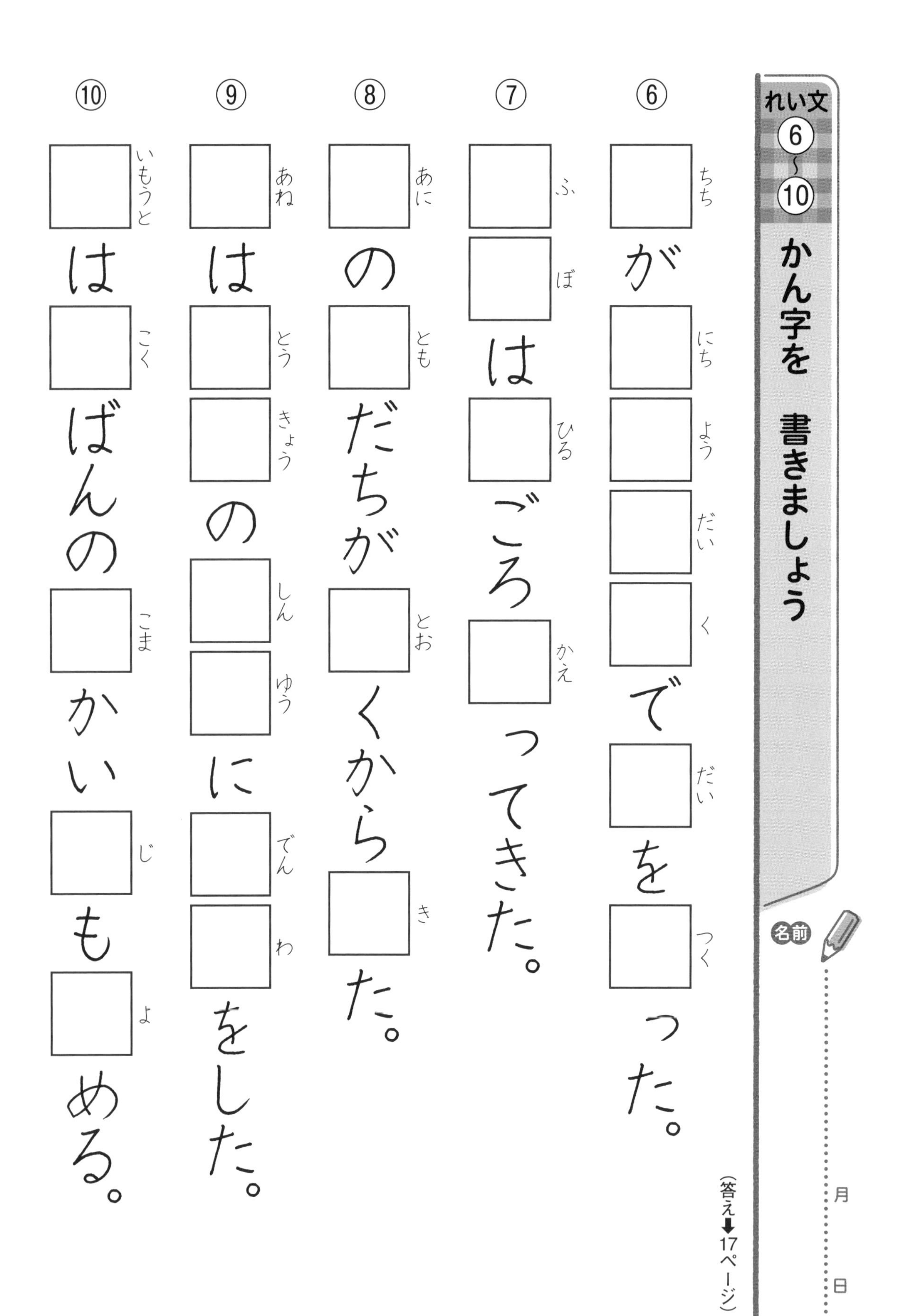

れい文 ⑥〜⑩
かん字を 書きましょう
名前
月 日
⑥ □（ちち）が□（にち）□（よう）□（だい）□（く）で□（だい）を□（つく）った。
⑦ □（ふ）□（ぼ）は□（ひる）ごろ□（かえ）ってきた。
⑧ □（あに）の□（とも）だちが□（とお）くから□（き）た。
⑨ □（あね）は□（とう）□（きょう）の□（しん）□（ゆう）に□（でん）□（わ）をした。
⑩ □（いもうと）は□（こく）ばんの□（こま）かい□（じ）も□（よ）める。

（答え⬇17ページ）

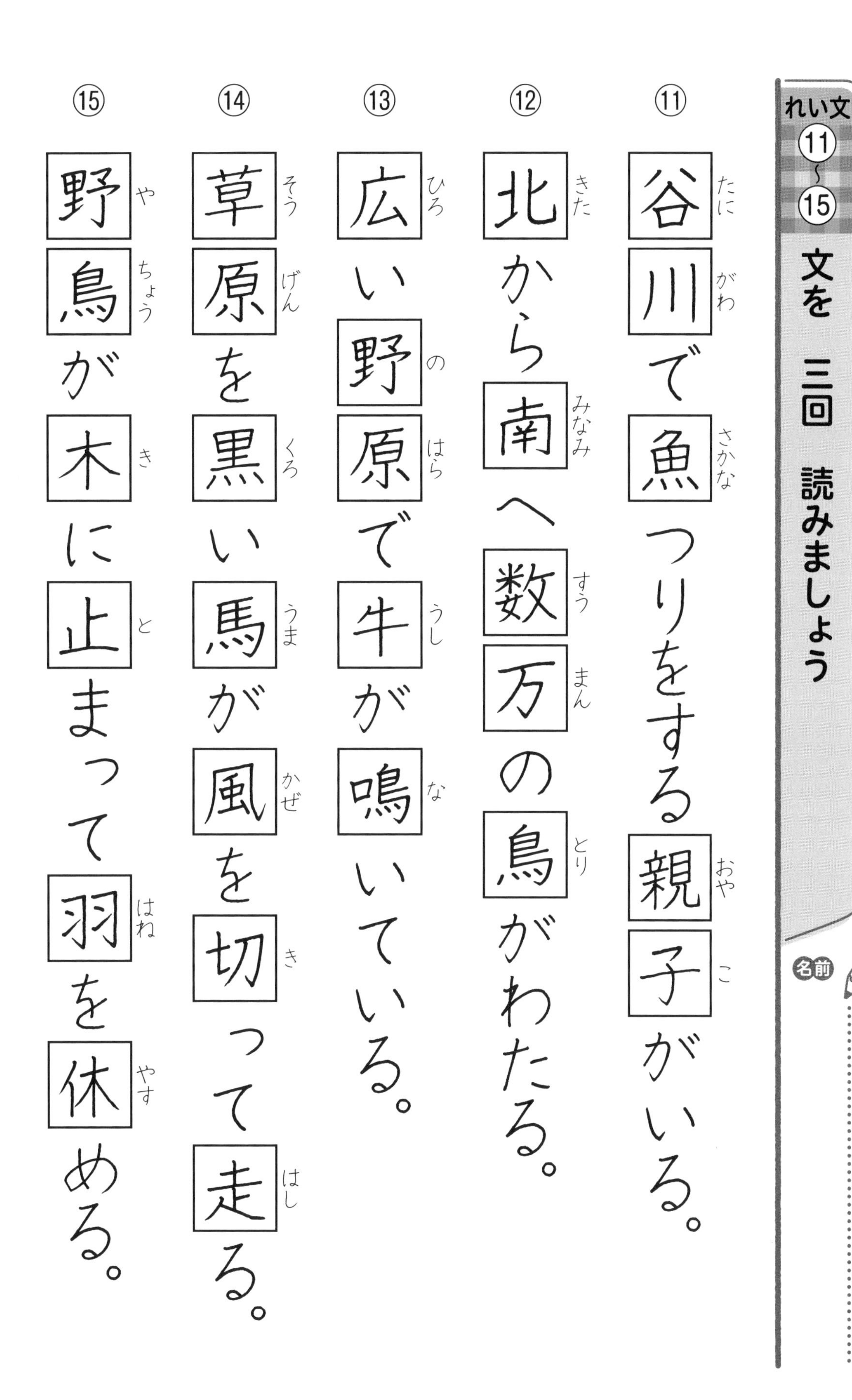

れい文 ⑪〜⑮

文を　三回　読みましょう

名前

月　日

⑪ 谷川(たにがわ)で魚(さかな)つりをする親子(おやこ)がいる。

⑫ 北(きた)から南(みなみ)へ数万(すうまん)の鳥(とり)がわたる。

⑬ 広(ひろ)い野原(のはら)で牛(うし)が鳴(な)いている。

⑭ 草原(そうげん)を黒(くろ)い馬(うま)が風(かぜ)を切(き)って走(はし)る。

⑮ 野鳥(やちょう)が木(き)に止(と)まって羽(はね)を休(やす)める。

れい文 ⑪〜⑮ かん字を ていねいに なぞりましょう

名前

月　日

⑪ 谷川（たにがわ）で魚（さかな）つりをする親子（おやこ）がいる。

⑫ 北（きた）から南（みなみ）へ数万（すうまん）の鳥（とり）がわたる。

⑬ 広（ひろ）い野原（のはら）で牛（うし）が鳴（な）いている。

⑭ 草原（そうげん）を黒（くろ）い馬（うま）が風（かぜ）を切（き）って走（はし）る。

⑮ 野鳥（やちょう）が木（き）に止（と）まって羽（はね）を休（やす）める。

れい文 ⑪〜⑮

かん字に　読みがなを　つけましょう

名前

月　日

（答え➡25ページ）

⑪ 谷川で魚つりをする親子がいる。

⑫ 北から南へ数万の鳥がわたる。

⑬ 広い野原で牛が鳴いている。

⑭ 草原を黒い馬が風を切って走る。

⑮ 野鳥が木に止まって羽を休める。

れい文 11～15

かん字の でき方を 読みましょう

名前

月 日

魚

うお さかな ギョ

魚市場 魚屋 人魚

魚の形からできた字。

鳥

とり チョウ

小鳥 白鳥

鳥の形からできた字。

牛

うし ギュウ

子牛 牛肉

牛を正面から見た形からできた字。角がありますね。

馬

うま バ

竹馬 馬車

馬を横から見た形からできた字。たてがみや足がありますね。

羽

は はね

一羽 羽つき

鳥にある羽の形からできた字。

※「は」は、前にくる音によって「わ」「ば」「ぱ」になる。

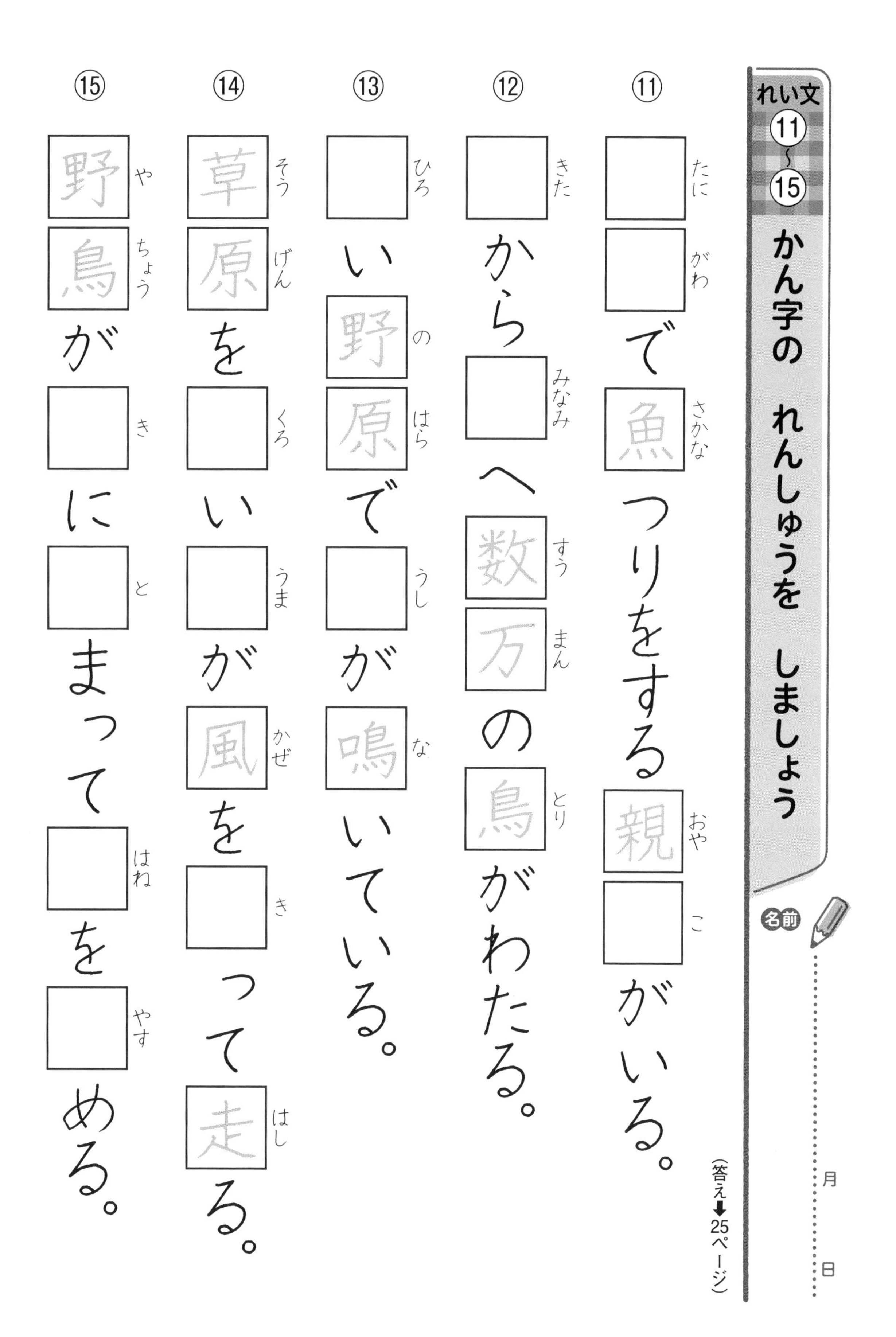

れい文 ⑪～⑮

かん字の　れんしゅうを　しましょう

名前

月　日

（答え➡25ページ）

⑪ □（たに）□（がわ）で魚（さかな）つりをする親（おや）□（こ）がいる。

⑫ □（きた）から□（みなみ）へ数（すう）万（まん）の鳥（とり）がわたる。

⑬ □（ひろ）い野（の）原（はら）で□（うし）が鳴（な）いている。

⑭ 草（そう）原（げん）を□（くろ）い□（うま）が風（かぜ）を□（き）って走（はし）る。

⑮ 野（や）鳥（ちょう）が□（き）に□（と）まって□（はね）を□（やす）める。

れい文⑪～⑮ かん字の れんしゅうを しましょう

名前

月　日

（答え➡25ページ）

⑪ 谷(たに)□(がわ)で□(さかな)つりをする親(おや)□(こ)がいる。

⑫ 北(きた)から南(みなみ)へ□(すう)□(まん)の□(とり)がわたる。

⑬ 広(ひろ)い□(の)□(はら)で牛(うし)が□(な)いている。

⑭ □(そう)□(げん)を黒(くろ)い馬(うま)が□(かぜ)を切(き)って□(はし)る。

⑮ □(や)□(ちょう)が□(き)に止(と)まって羽(はね)を□(やす)める。

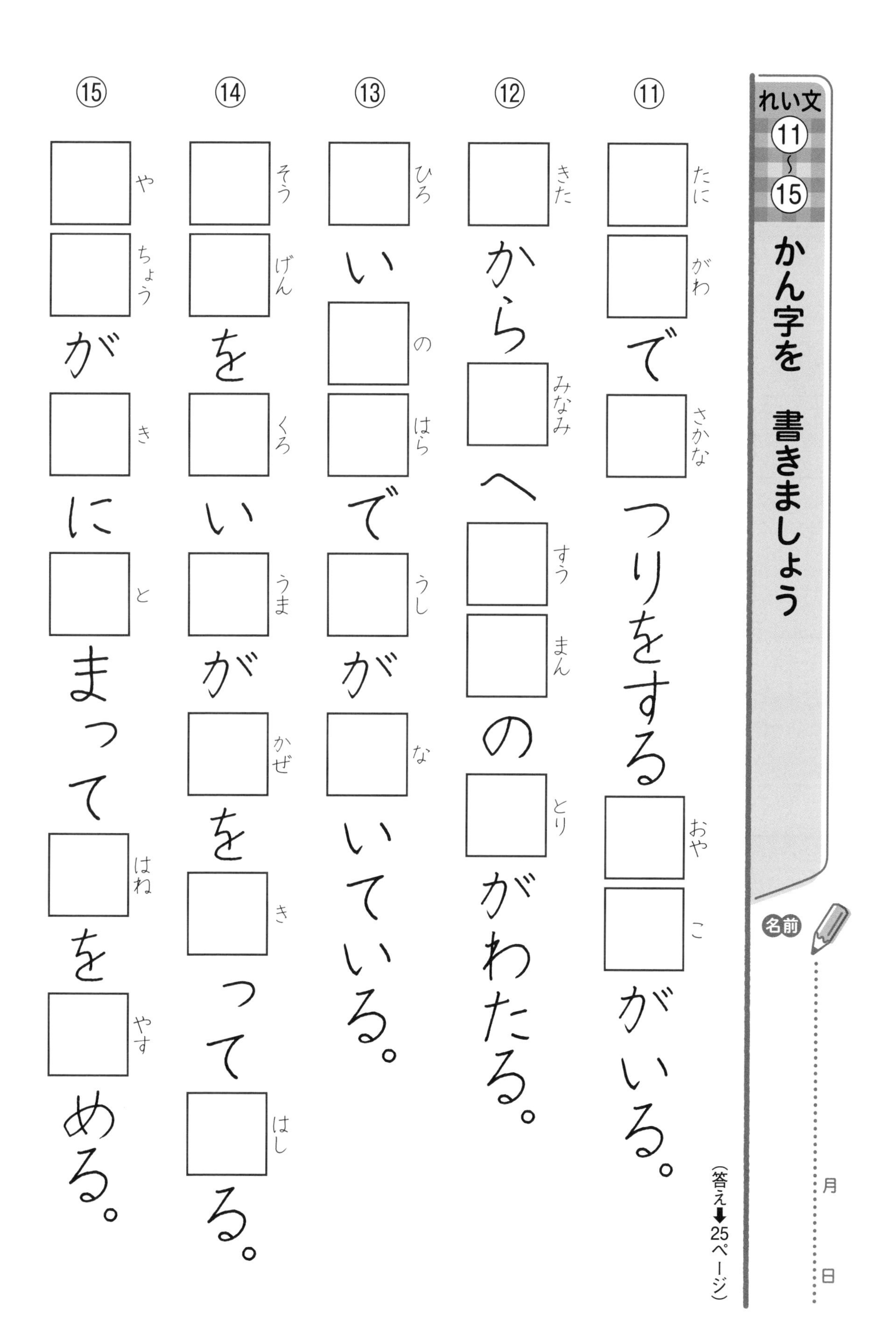

れい文 ⑪〜⑮

かん字を　書きましょう

名前

月　日

（答え➡25ページ）

⑪ □□（たにがわ）で□（さかな）つりをする□□（おやこ）がいる。

⑫ □（きた）から□（みなみ）へ□□（すうまん）の□（とり）がわたる。

⑬ □（ひろ）い□□（のはら）で□（うし）が□（な）いている。

⑭ □□（そうげん）を□（くろ）い□（うま）が□（かぜ）を□（き）って□（はし）る。

⑮ □□（やちょう）が□（き）に□（と）まって□（はね）を□（やす）める。

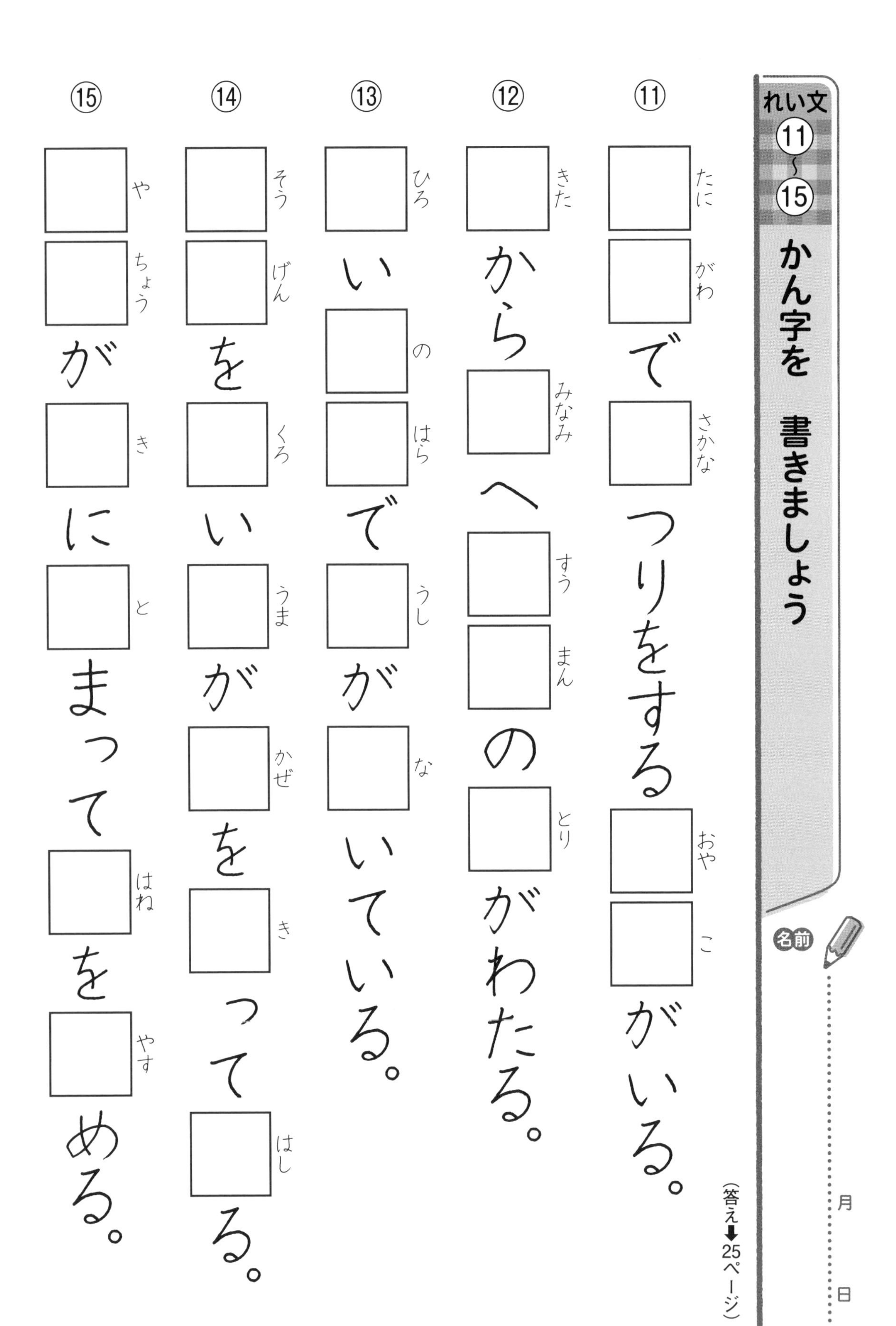

れい文⑪～⑮

かん字を　書きましょう

名前

月　日

（答え⬇25ページ）

⑪ □(たに)□(がわ)で□(さかな)つりをする□(おや)□(こ)がいる。

⑫ □(きた)から□(みなみ)へ□(すう)□(まん)の□(とり)がわたる。

⑬ □(ひろ)い□(の)□(はら)で□(うし)が□(な)いている。

⑭ □(そう)□(げん)を□(くろ)い□(うま)が□(かぜ)を□(き)って□(はし)る。

⑮ □(や)□(ちょう)が□(き)に□(と)まって□(はね)を□(やす)める。

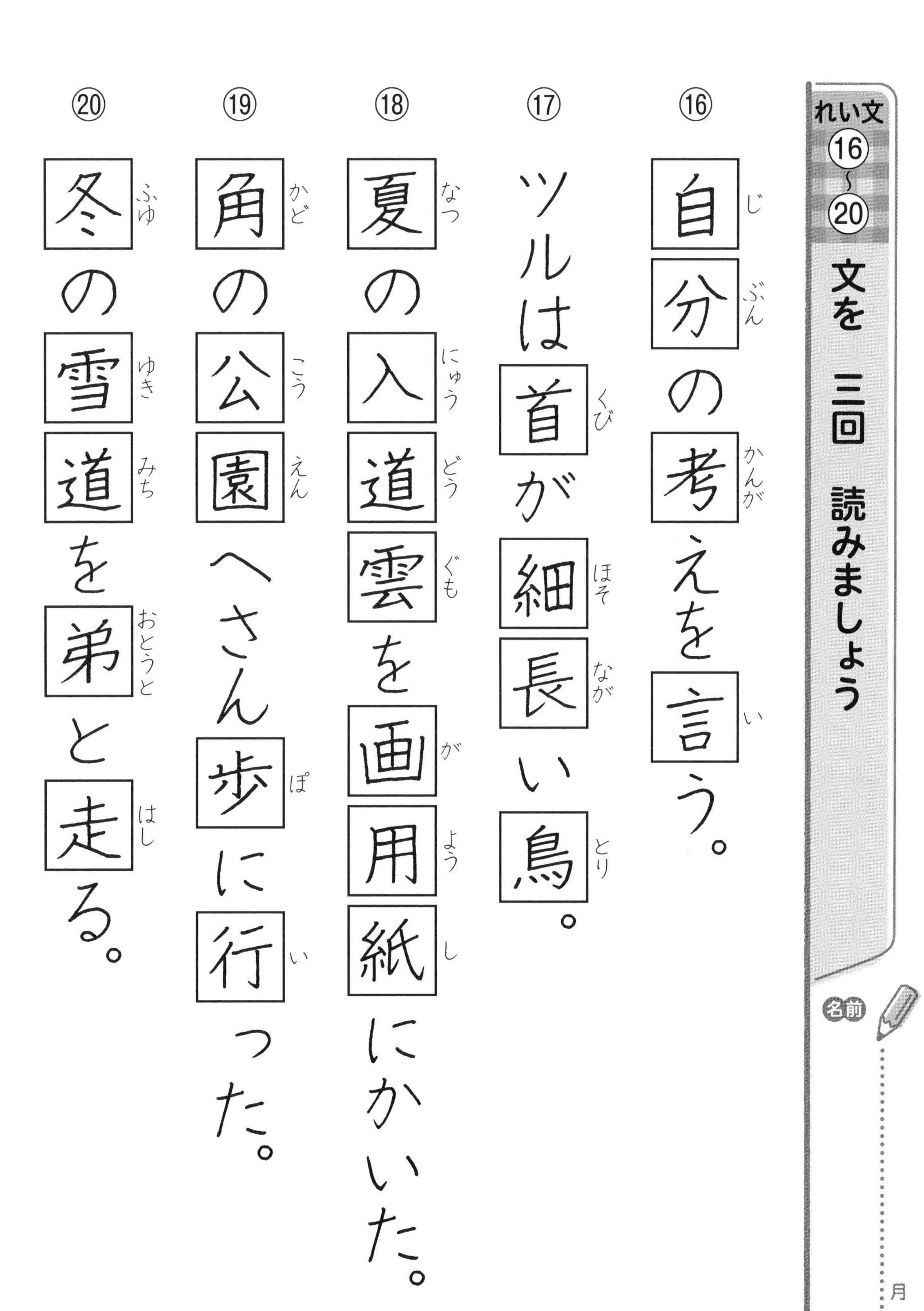

れい文⑯～⑳

文を　三回　読みましょう

名前

月　日

⑯ 自分(じぶん)の考(かんが)えを言(い)う。

⑰ ツルは首(くび)が細(ほそ)長(なが)い鳥(とり)。

⑱ 夏(なつ)の入道雲(にゅうどうぐも)を画用紙(がようし)にかいた。

⑲ 角(かど)の公園(こうえん)へさん歩(ぽ)に行(い)った。

⑳ 冬(ふゆ)の雪道(ゆきみち)を弟(おとうと)と走(はし)る。

れい文⑯〜⑳ かん字を ていねいに なぞりましょう

名前

月　日

⑯ 自(じ)分(ぶん)の考(かんが)えを言(い)う。

⑰ ツルは首(くび)が細(ほそ)長(なが)い鳥(とり)。

⑱ 夏(なつ)の入(にゅう)道(どう)雲(ぐも)を画(が)用(よう)紙(し)にかいた。

⑲ 角(かど)の公(こう)園(えん)へさん歩(ぽ)に行(い)った。

⑳ 冬(ふゆ)の雪(ゆき)道(みち)を弟(おとうと)と走(はし)る。

れい文 ⑯〜⑳

かん字に　読みがなを　つけましょう

名前

月　日

（答え⬇33ページ）

⑯ 自分の考えを言う。

⑰ ツルは首が細長い鳥。

⑱ 夏の入道雲を画用紙にかいた。

⑲ 角の公園へさんぽに行った。

⑳ 冬の雪道を弟と走る。

れい文 16～20

かん字の　でき方を　読みましょう

名前

月　日

自

みずか-ら　ジ　シ　　自ら学ぶ　自動車　自然

前から見た鼻の形からできた字。自分のことを言うとき、自分の鼻を指すことがありますね。それで、自を「自分」の意味に使うようになりました。

首

くび　シュ　　手首　百人一首

毛の生えている頭の形。

「首をかしげる」など、「頭」を表すこともあります。

道

みち　ドウ　　山道　歩道

首と辵（行く）を合わせた字。むかし、まだ道が開けていない所を行くとき、敵の生首を前に下げて進んで行きました。その後に道ができたのです。

歩

ある-く　あゆ-む　ホ　　早歩き　六年間の歩み　歩道

右足と左足の足あとの形から「あるく」ことを表しました。

走

はし-る　ソウ　　車が走る　力走

字の上の部分は人が走っているすがた。

字の下の部分は足あとの形。足で走るという意味を表します。

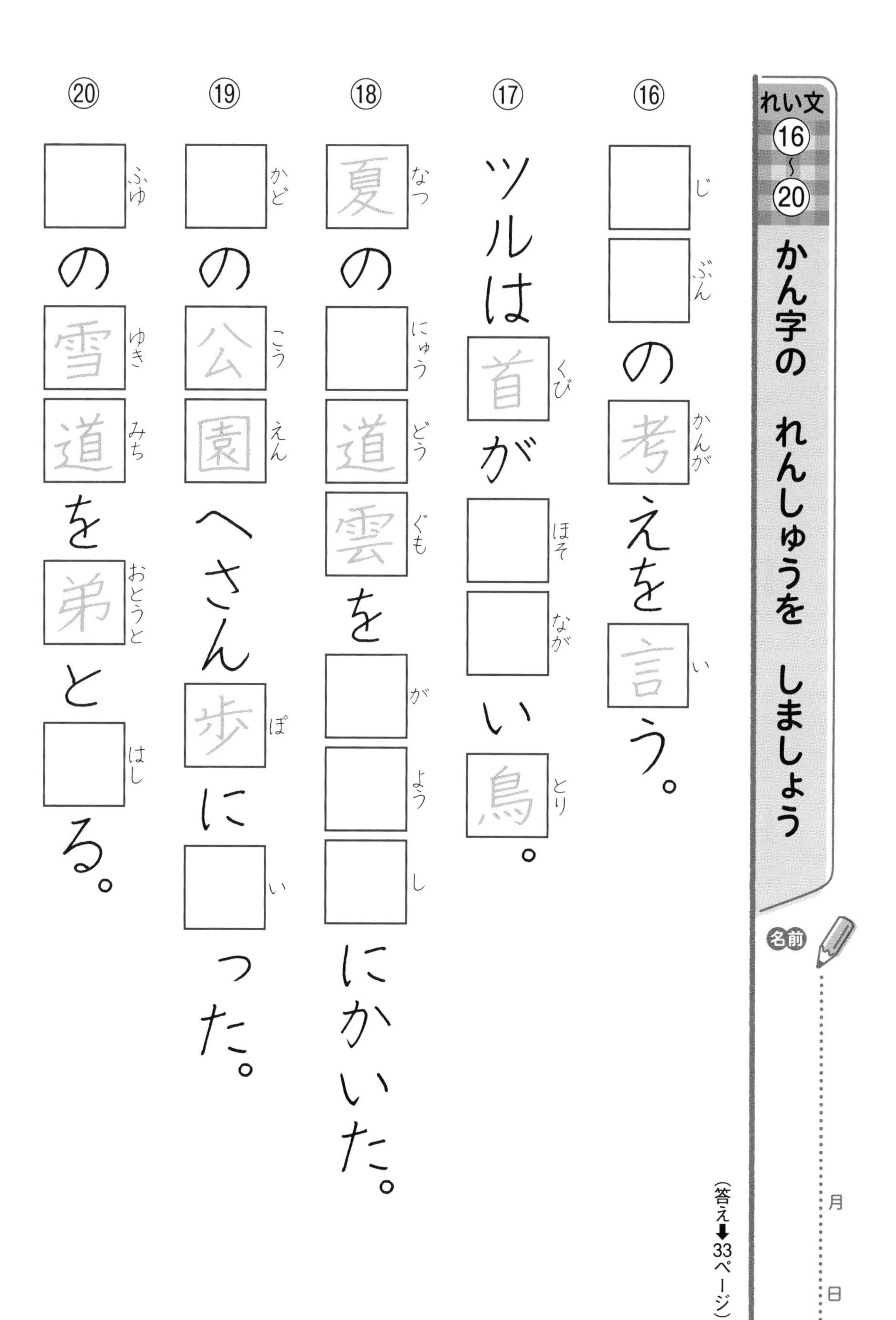

れい文⑯〜⑳

かん字の　れんしゅうを　しましょう

名前

月　日

⑯ □□(じぶん)の考(かんが)えを言(い)う。

⑰ ツルは首(くび)が□(ほそ)□(なが)い鳥(とり)。

⑱ 夏(なつ)の□(にゅう)道(どう)雲(ぐも)を□(が)□(よう)□(し)にかいた。

⑲ □(かど)の公(こう)園(えん)へさん歩(ぽ)に□(い)った。

⑳ □(ふゆ)の雪(ゆき)道(みち)を弟(おとうと)と□(はし)る。

（答え➡33ページ）

れい文⑯〜⑳

かん字の れんしゅうを しましょう

名前

月　日

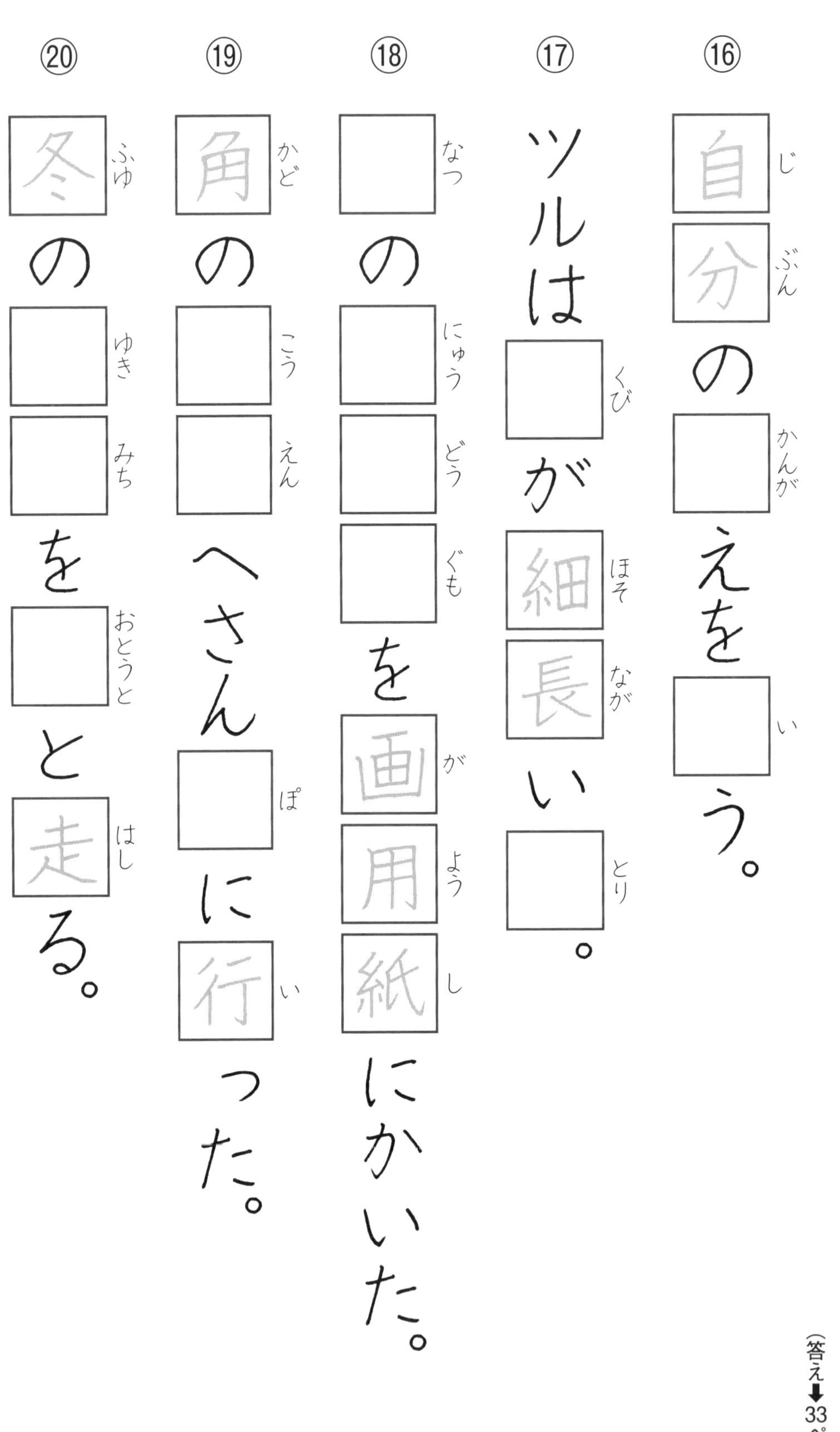

（答え➡33ページ）

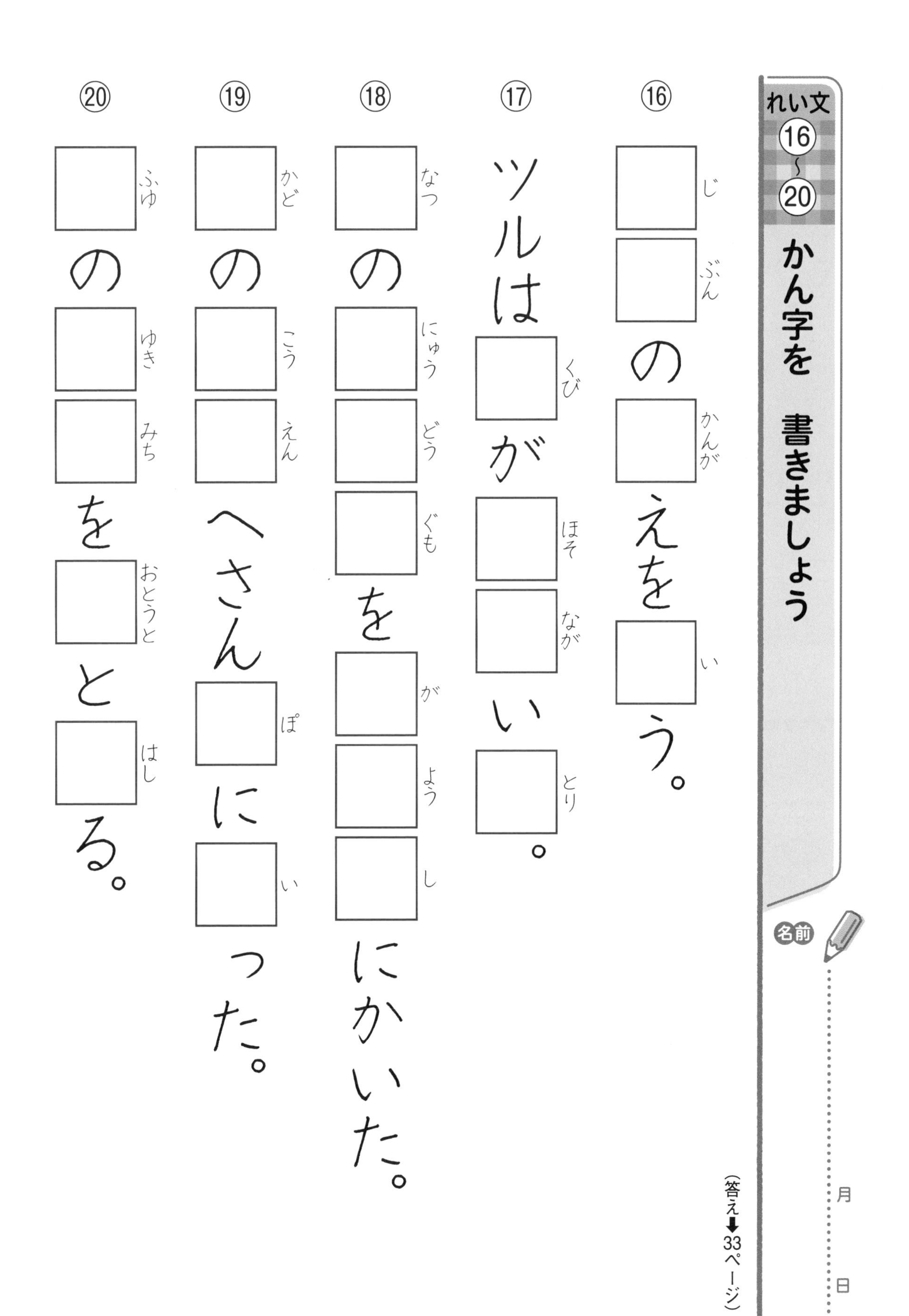

れい文⑯～⑳ かん字を 書きましょう

名前

月　日

（答え➡33ページ）

⑯ □□（じぶん）の□（かんが）えを□（い）う。

⑰ ツルは□（くび）が□（ほそ）□（なが）い□（とり）。

⑱ □（なつ）の□（にゅう）□（どう）□（ぐも）を□（が）□（よう）□（し）にかいた。

⑲ □（かど）の□（こう）□（えん）へさん□（ぽ）に□（い）った。

⑳ □（ふゆ）の□（ゆき）□（みち）を□（おとうと）と□（はし）る。

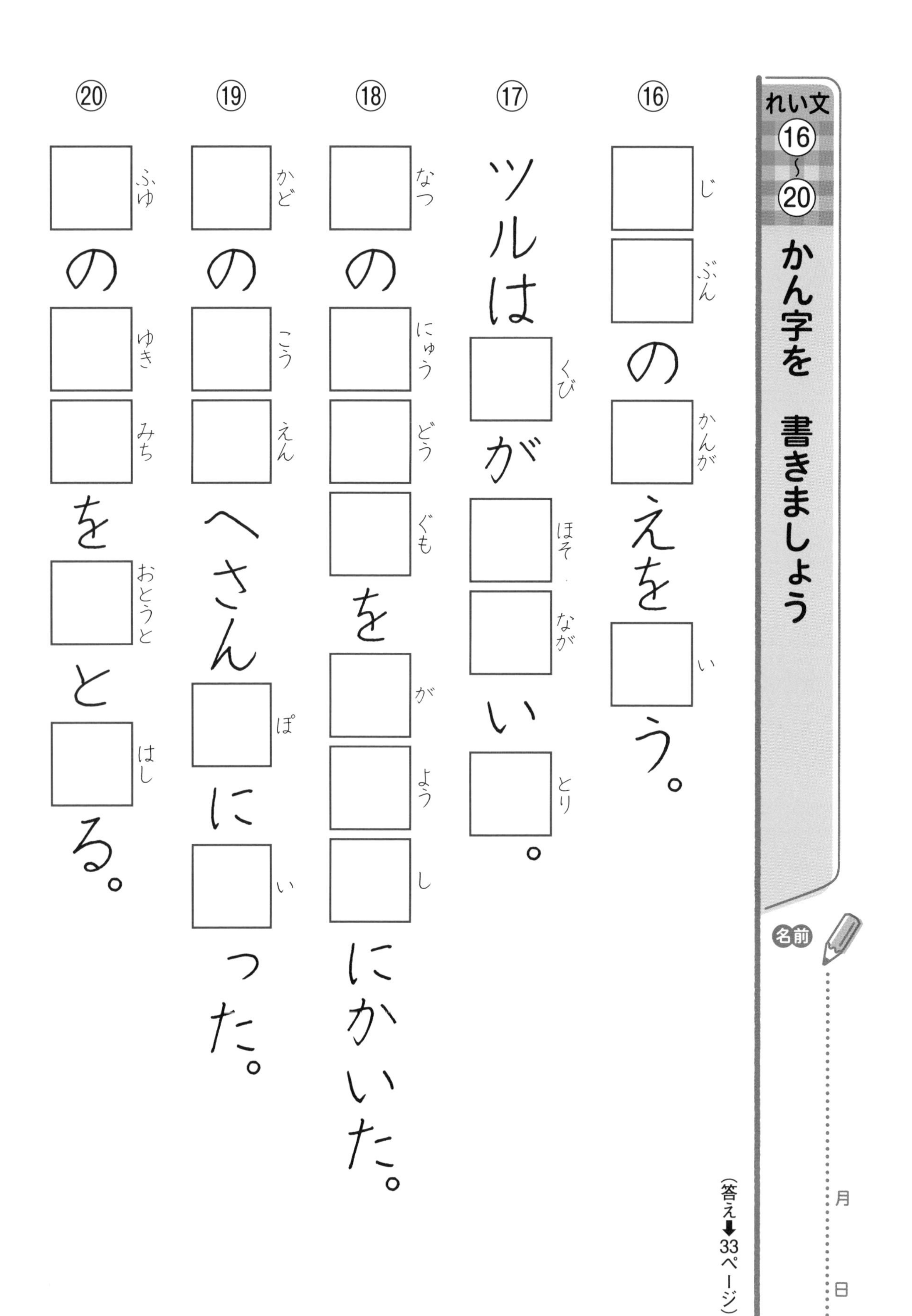

れい文 ⑯〜⑳

かん字を　書きましょう

名前

月　日

（答え➡33ページ）

⑯ □（じ）□（ぶん）の□（かんが）えを□（い）う。

⑰ ツルは□（くび）が□（ほそ）□（なが）い□（とり）。

⑱ □（なつ）の□（にゅう）□（どう）□（ぐも）を□（が）□（よう）□（し）にかいた。

⑲ □（かど）の□（こう）□（えん）へさん□（ぽ）に□（い）った。

⑳ □（ふゆ）の□（ゆき）□（みち）を□（おとうと）と□（はし）る。

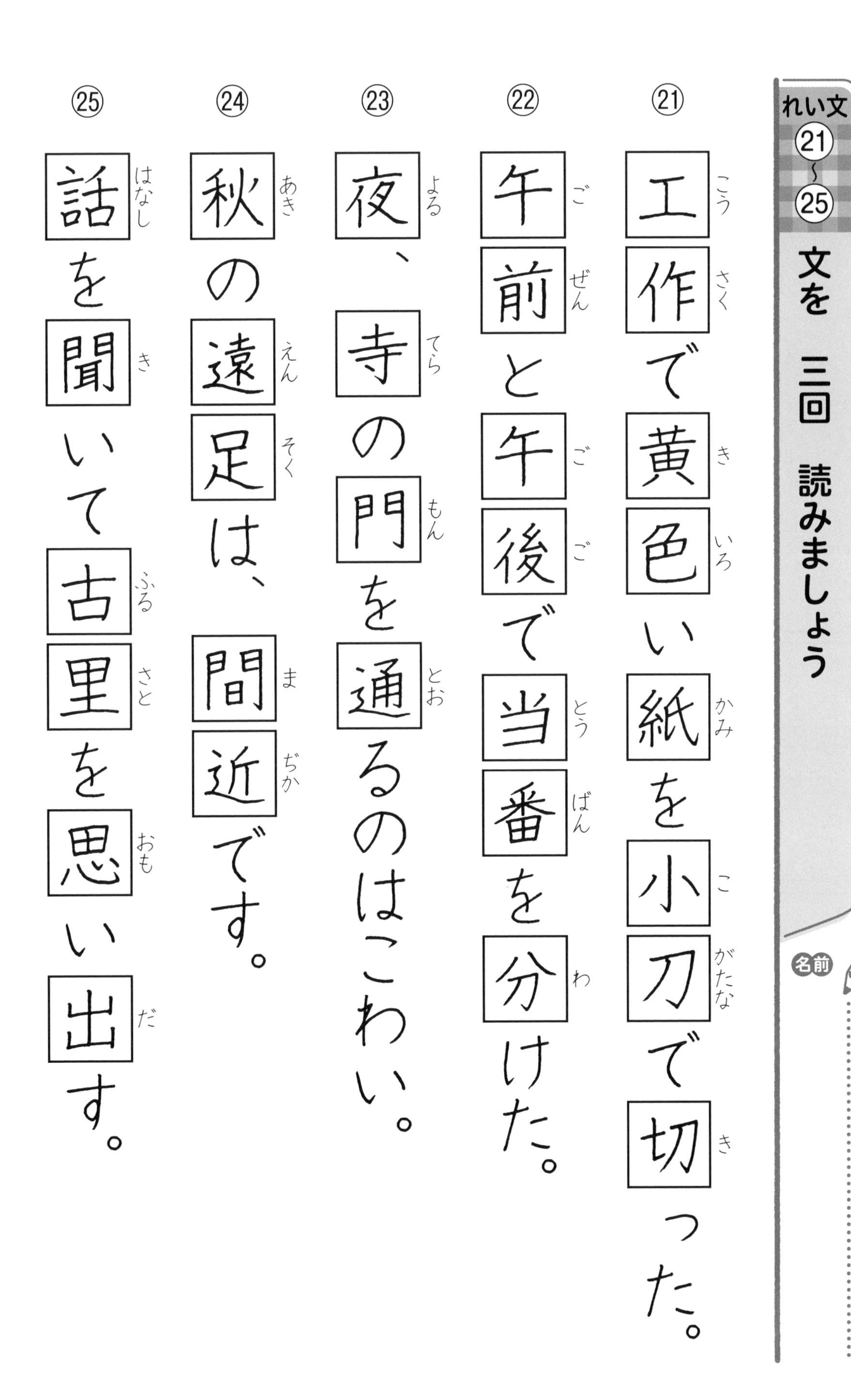

れい文㉑～㉕

文を　三回　読みましょう

名前

月　日

㉑ 工作で黄色い紙を小刀で切った。

㉒ 午前と午後で当番を分けた。

㉓ 夜、寺の門を通るのはこわい。

㉔ 秋の遠足は、間近です。

㉕ 話を聞いて古里を思い出す。

れい文 ㉑～㉕

かん字を ていねいに なぞりましょう

名前

月　日

㉑ 工(こう)作(さく)で黄(き)色(いろ)い紙(かみ)を小(こ)刀(がたな)で切(き)った。

㉒ 午(ご)前(ぜん)と午(ご)後(ご)で当(とう)番(ばん)を分(わ)けた。

㉓ 夜(よる)、寺(てら)の門(もん)を通(とお)るのはこわい。

㉔ 秋(あき)の遠(えん)足(そく)は、間(ま)近(ぢか)です。

㉕ 話(はなし)を聞(き)いて古(ふる)里(さと)を思(おも)い出(だ)す。

れい文 ㉑〜㉕

かん字に　読みがなを　つけましょう

名前

月　日

（答え➡41ページ）

㉑ 工作で黄色い紙を小刀で切った。

㉒ 午前と午後で当番を分けた。

㉓ 夜、寺の門を通るのはこわい。

㉔ 秋の遠足は、間近です。

㉕ 話を聞いて古里を思い出す。

れい文 21〜25

かん字の でき方を 読みましょう

名前

月 日

刀

かたな トウ

木の刀 木刀

刀の形からできた字。

切

き-る セツ

肉を切る 大切

七と刀を合わせた字。七の部分は切ったほねの形です。

分

わ-ける ブン フン ブ

切り分ける 気分 五分間 五分五分

八と刀を合わせた字。刀で物を二つに分けることから、「わける」という意味に使います。

門

モン

校門

両開きのとびらの形で、門を表しています。かた開きのとびらは日戸で、戸を表します。

間

あいだ ま カン ケン

夏の間 昼間 時間 人間

元の字は「閒」で門＋月。先祖を祭る建物の門に肉（月）を供えて、門の内と外のきょりをあけていたので「あいだ」の意味になりました。

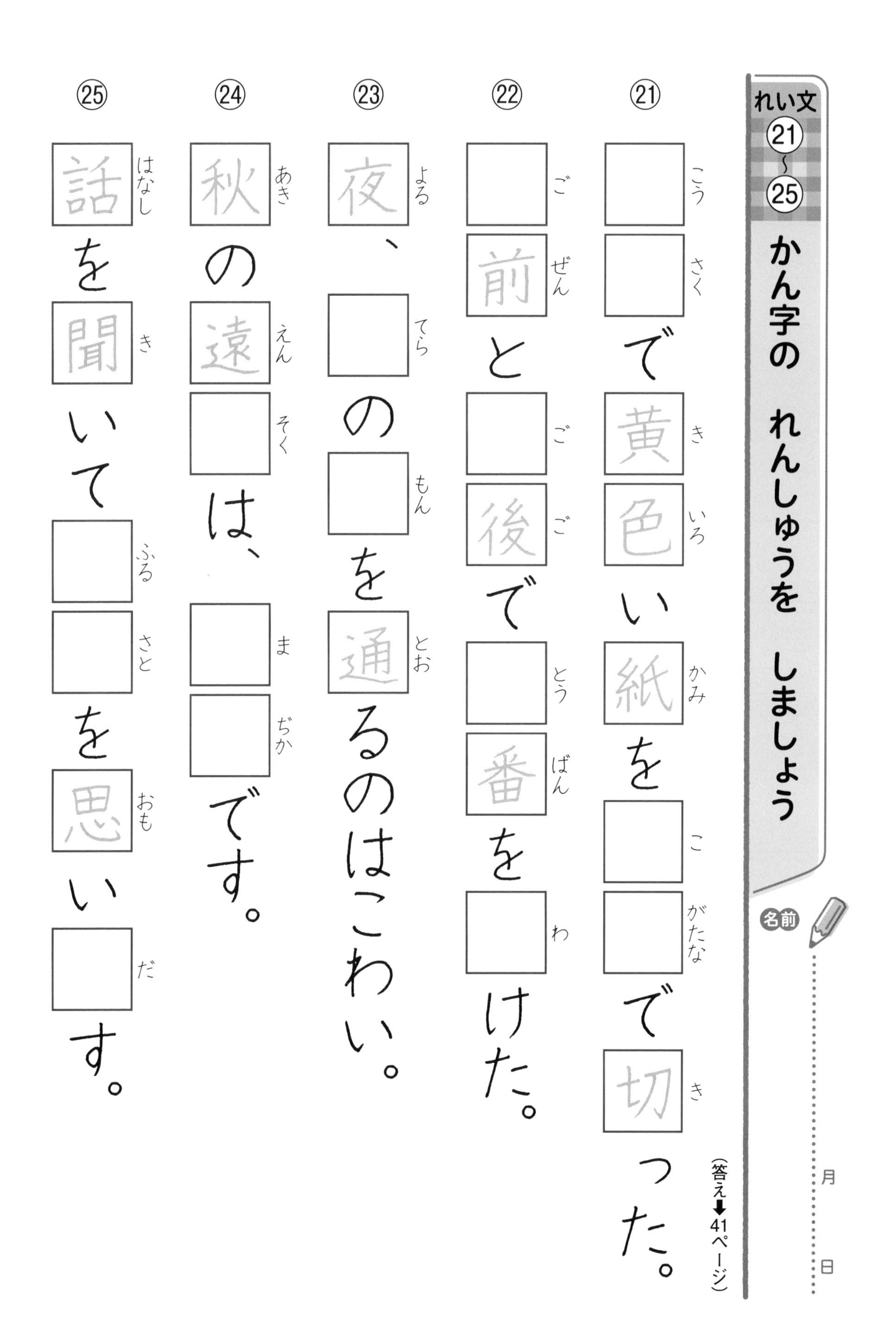

れい文㉑〜㉕

かん字の　れんしゅうを　しましょう

名前

月　日

（答え➡41ページ）

㉑ □（こう）□（さく）で黄（き）色（いろ）い紙（かみ）を□（こ）□（がたな）で切（き）った。

㉒ □（ご）前（ぜん）と□（ご）後（ご）で□（とう）番（ばん）を□（わ）けた。

㉓ 夜（よる）、□（てら）の□（もん）を通（とお）るのはこわい。

㉔ 秋（あき）の遠（えん）□（そく）は、□（ま）□（ぢか）です。

㉕ 話（はなし）を聞（き）いて□（ふる）□（さと）を思（おも）い□（だ）す。

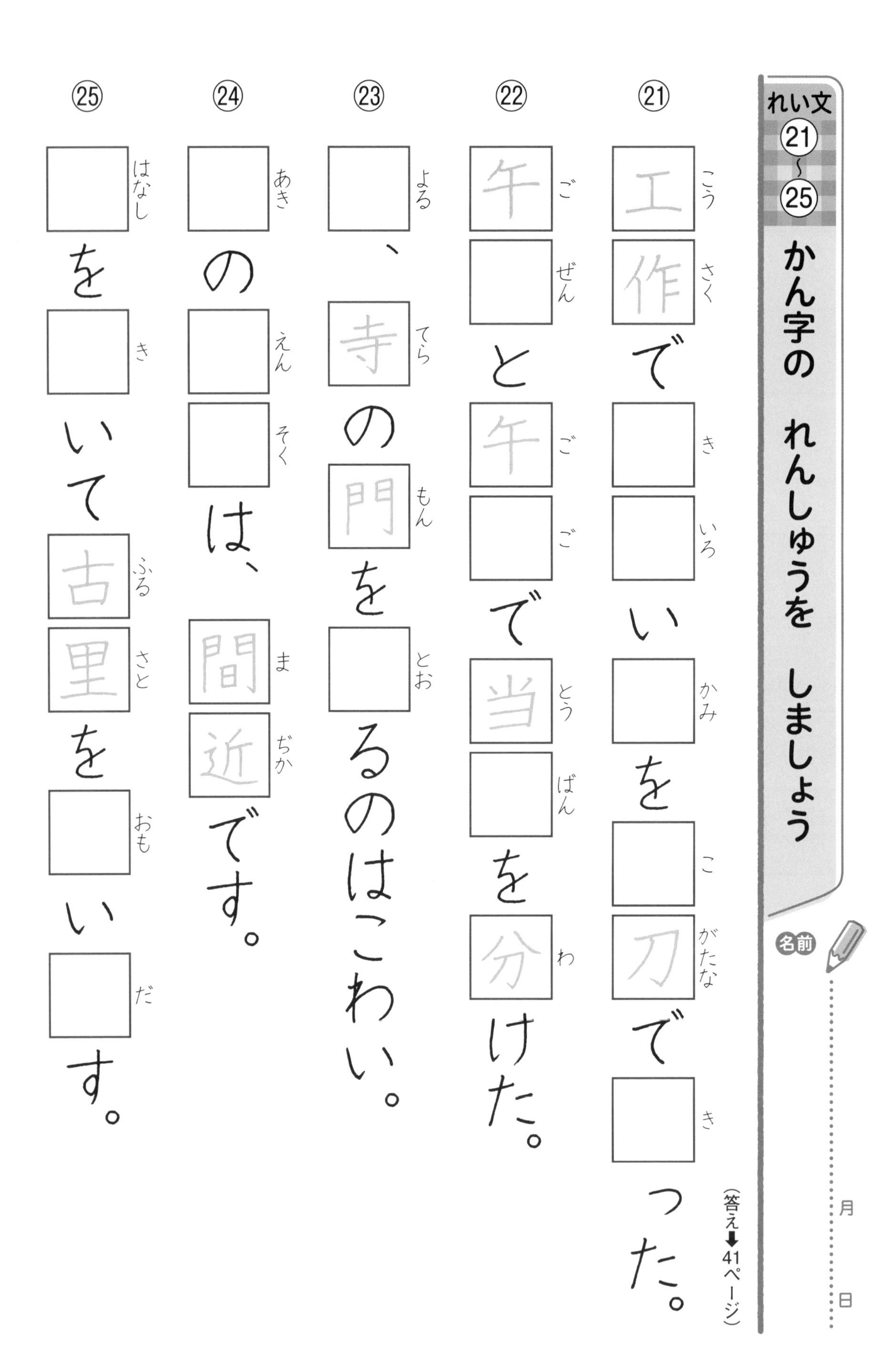
れい文 ㉑～㉕
かん字の れんしゅうを しましょう
名前
月 日
(答え⬇41ページ)
㉑ 工(こう)作(さく)で□(き)□(いろ)い□(かみ)を□(こ)刀(がたな)で□(き)った。
㉒ 午(ご)□(ぜん)と午(ご)□(ご)で当(とう)□(ばん)を分(わ)けた。
㉓ □(よる)、寺(てら)の門(もん)を□(とお)るのはこわい。
㉔ □(あき)の□(えん)□(そく)は、間(ま)近(ぢか)です。
㉕ □(はなし)を□(き)いて古(ふる)里(さと)を□(おも)い□(だ)す。

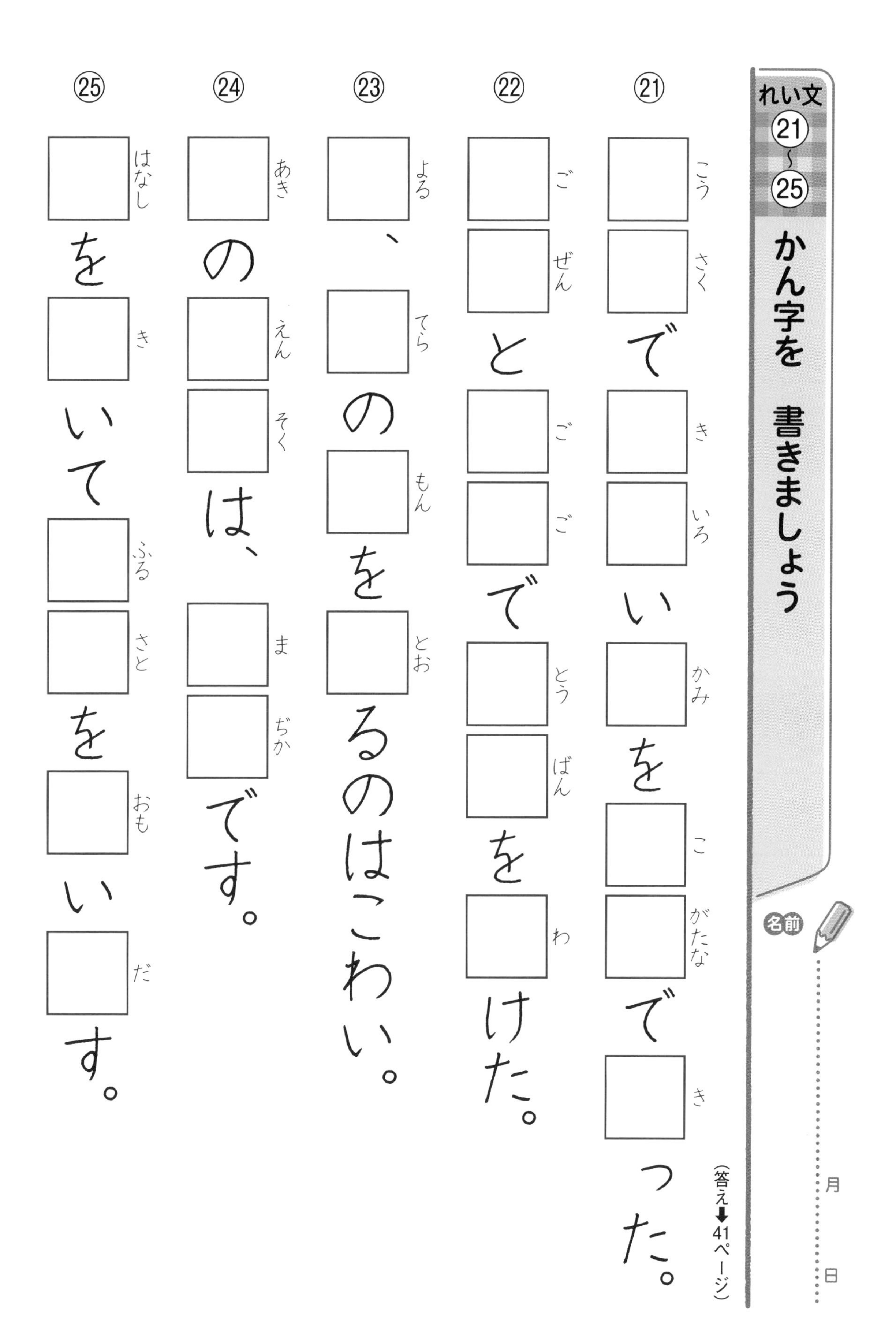

れい文 ㉑～㉕

かん字を　書きましょう

㉑ □□（こうさく）で□□（きいろ）い□（かみ）を□□□（こがたな）で□（き）った。

㉒ □□（ごぜん）と□□（ごご）で□□（とうばん）を□（わ）けた。

㉓ □（よる）、□（てら）の□（もん）を□（とお）るのはこわい。

㉔ □（あき）の□□（えんそく）は、□□（まぢか）です。

㉕ □（はなし）を□（き）いて□□（ふるさと）を□（おも）い□（だ）す。

（答え➡41ページ）

名前

月　日

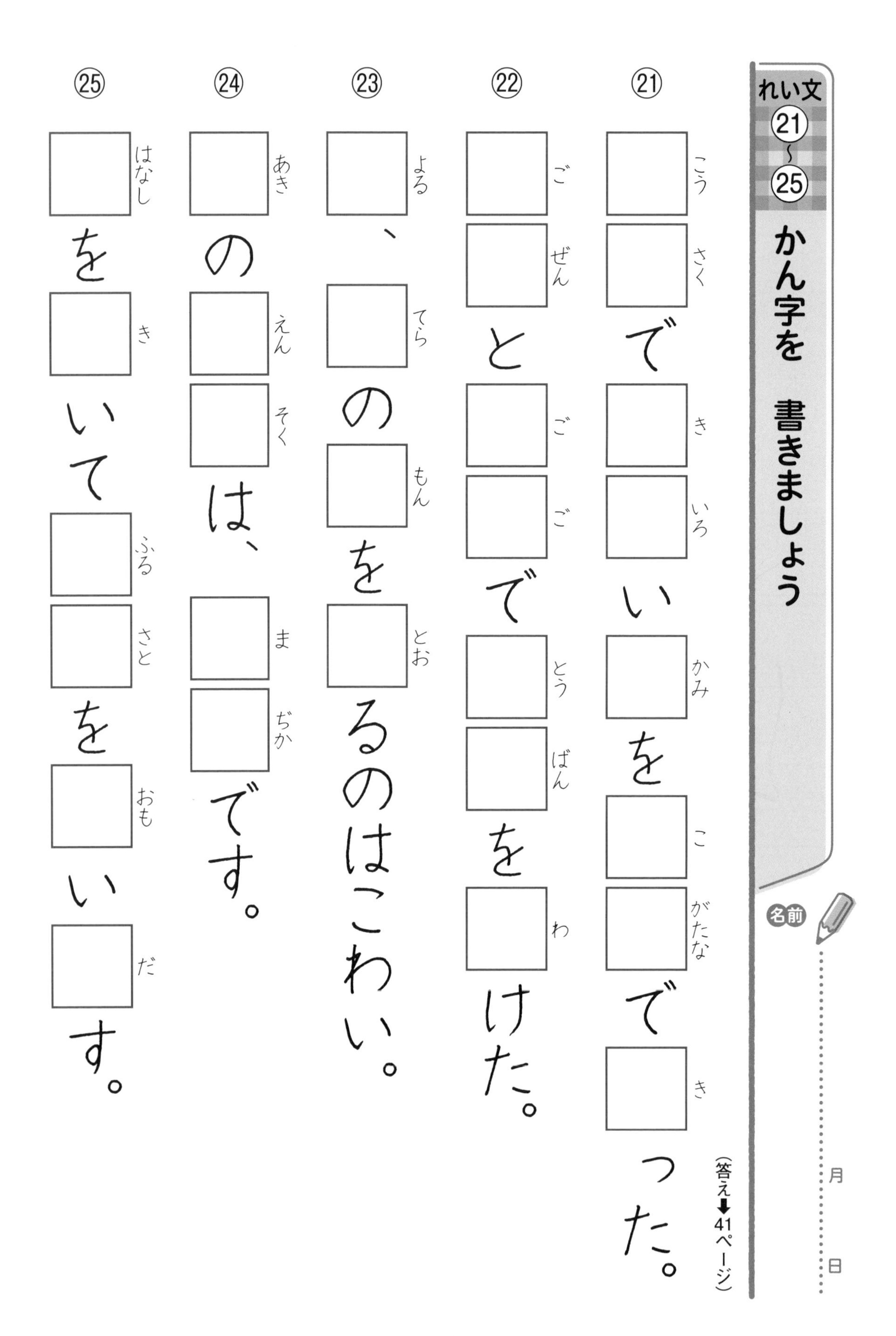

れい文 ㉑～㉕

かん字を　書きましょう

名前

月　日

（答え➡41ページ）

㉑ □(こう)□(さく)で□(き)□(いろ)い□(かみ)を□(こ)□(がたな)で□(き)った。

㉒ □(ご)□(ぜん)と□(ご)□(ご)で□(とう)□(ばん)を□(わ)けた。

㉓ □(よる)、□(てら)の□(もん)を□(とお)るのはこわい。

㉔ □(あき)の□(えん)□(そく)は、□(ま)□(ぢか)です。

㉕ □(はなし)を□(き)いて□(ふる)□(さと)を□(おも)い□(だ)す。

れい文㉖〜㉚ 文を 三回 読みましょう

名前　　　　月　　日

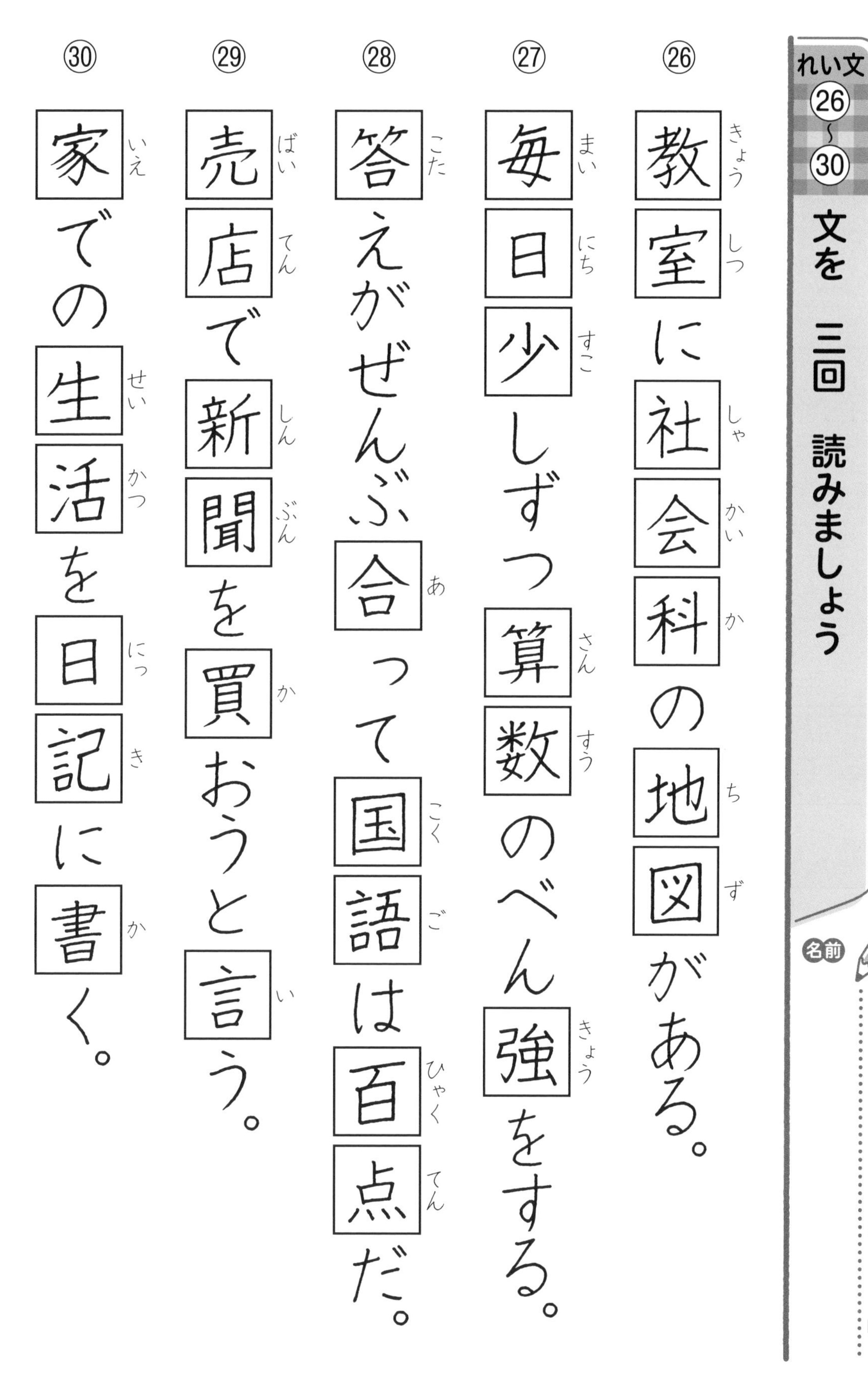

㉖ 教室(きょうしつ)に社会科(しゃかいか)の地図(ちず)がある。

㉗ 毎日(まいにち)少(すこ)しずつ算数(さんすう)のべん強(きょう)をする。

㉘ 答(こた)えがぜんぶ合(あ)って国語(こくご)は百点(ひゃくてん)だ。

㉙ 売店(ばいてん)で新聞(しんぶん)を買(か)おうと言(い)う。

㉚ 家(いえ)での生活(せいかつ)を日記(にっき)に書(か)く。

れい文 ㉖〜㉚

かん字を ていねいに なぞりましょう

名前

月 日

㉖ 教室(きょうしつ)に社会科(しゃかいか)の地図(ちず)がある。

㉗ 毎日(まいにち)少(すこ)しずつ算数(さんすう)のべん強(きょう)をする。

㉘ 答(こた)えがぜんぶ合(あ)って国語(こくご)は百点(ひゃくてん)だ。

㉙ 売店(ばいてん)で新聞(しんぶん)を買(か)おうと言(い)う。

㉚ 家(いえ)での生活(せいかつ)を日記(にっき)に書(か)く。

れい文 ㉖〜㉚

かん字に　読みがなを　つけましょう

名前

月　日

（答え⬇49ページ）

㉖ 教室に社会科の地図がある。

㉗ 毎日少しずつ算数のべん強をする。

㉘ 答えがぜんぶ合って国語は百点だ。

㉙ 売店で新聞を買おうと言う。

㉚ 家での生活を日記に書く。

かん字の　でき方を　読みましょう

名前

月　日

教

おし-える　おそ-わる　キョウ

教え合う　字を教わる　教科書

校舎(爻)の中の子(子)にむちを持って(攵)教える様子から字ができました。

算

サン

算数

竹の計算道具をならべて数を数えること。

数

かず　かぞ-える　スウ

数を数える　数字

女の人のかみの毛(婁)をたたいて(攵)、かみがばらけて数が多くなることから字ができました。

言

い-う　こと　ゲン　ゴン

母に言う　一言　言語　伝言

いのりの言葉を入れる箱(𠙵)に針をさしている形。神さまにちかう言葉のこと。

言は「言葉に関係する」たくさんの漢字に使われています。記・語・話・読など。

記

しる-す　キ

書き記す　記録

言＋己。じゅんじょよく整理して「書きとめる・しるす」という意味。

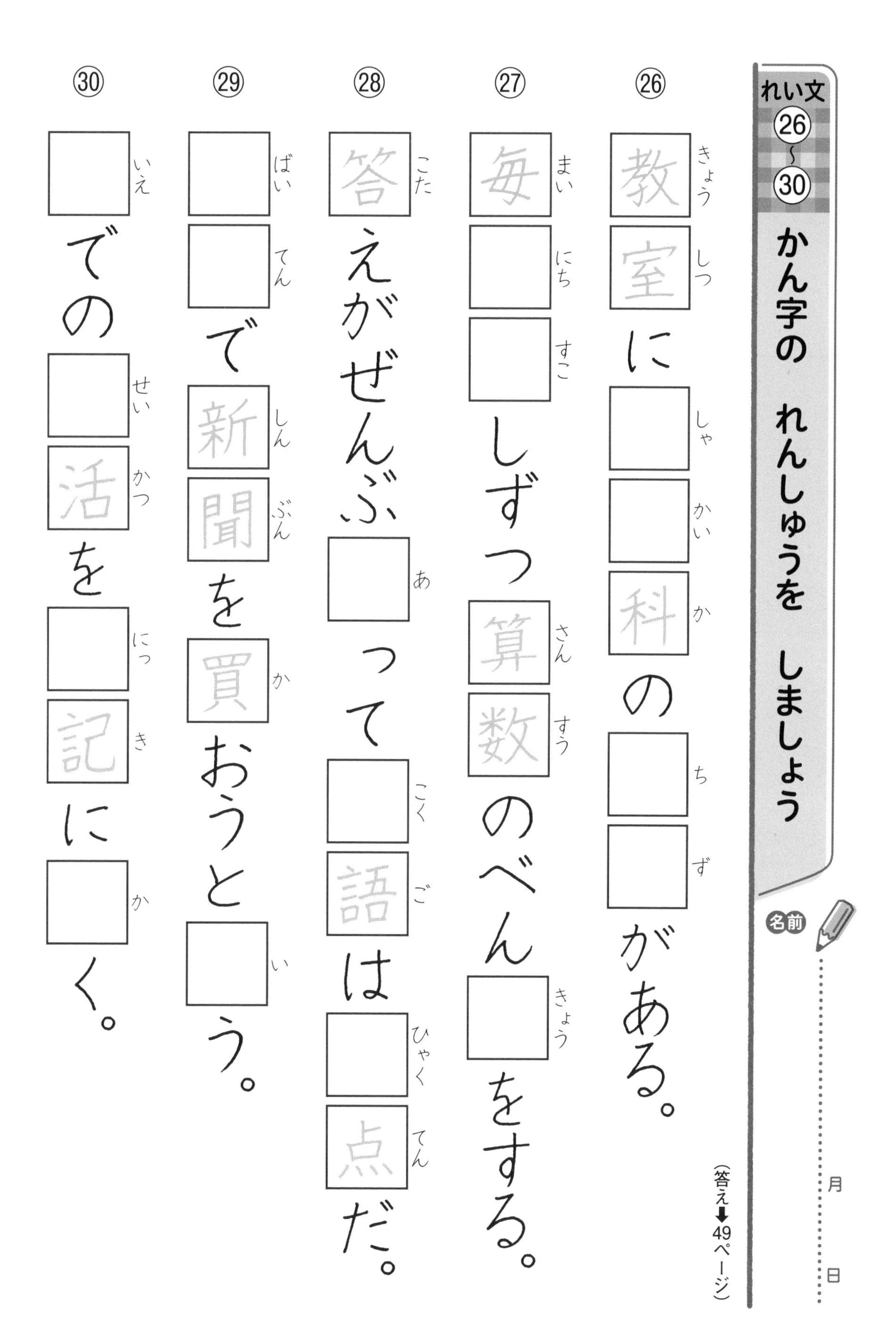

れい文 ㉖〜㉚

かん字の れんしゅうを しましょう

名前

月　日

（答え⬇49ページ）

㉖ 教(きょう)室(しつ)に□(しゃ)□(かい)科(か)の□(ち)□(ず)がある。

㉗ 毎(まい)□(にち)□(すこ)しずつ算(さん)数(すう)のべん□(きょう)をする。

㉘ 答(こた)えがぜんぶ□(あ)って□(こく)語(ご)は□(ひゃく)点(てん)だ。

㉙ □(ばい)□(てん)で新(しん)聞(ぶん)を買(か)おうと□(い)う。

㉚ □(いえ)での□(せい)活(かつ)を□(にっ)記(き)に□(か)く。

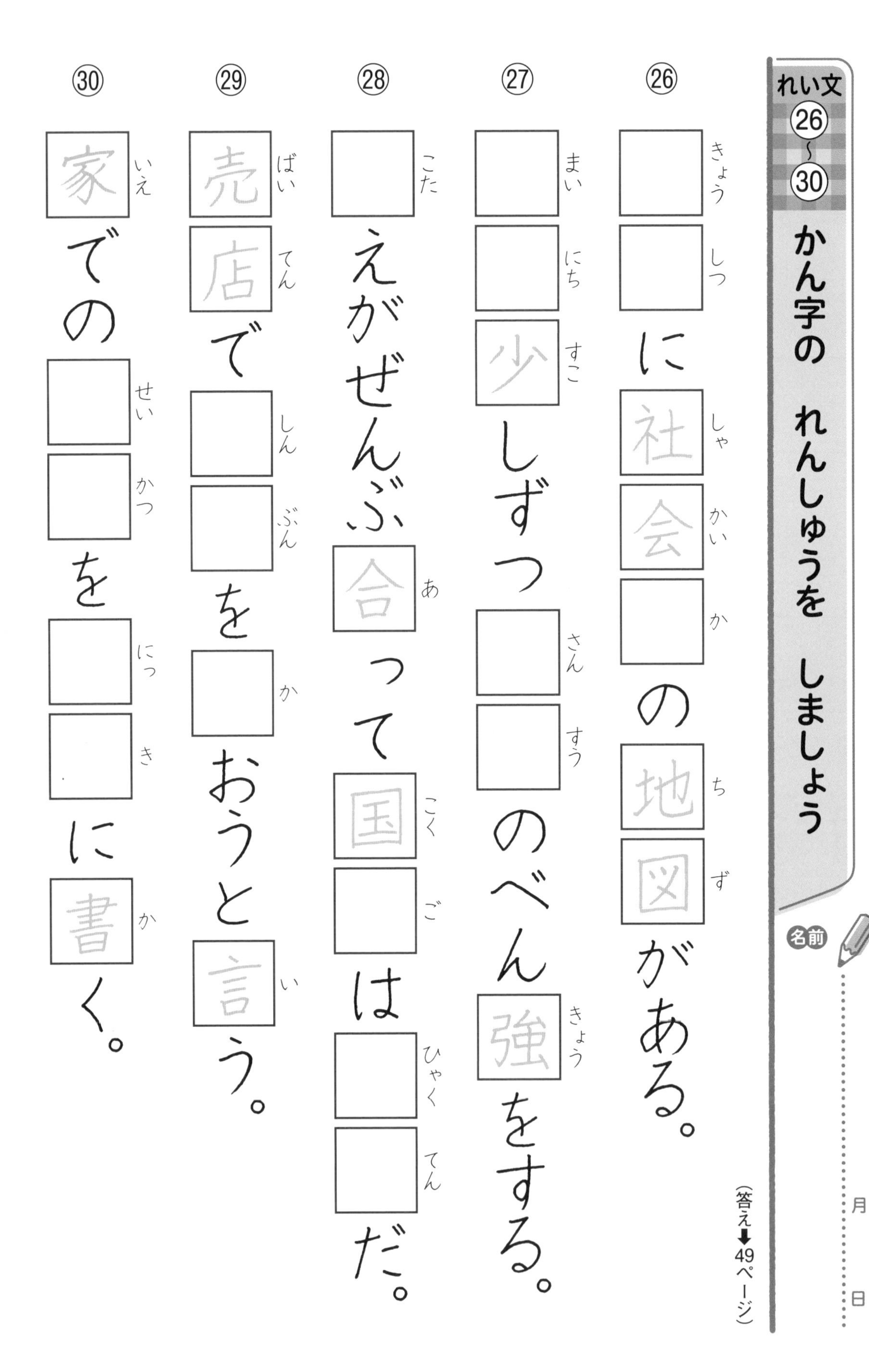

れい文 ㉖〜㉚ かん字の れんしゅうを しましょう

名前　　月　　日

（答え⬇49ページ）

㉖ □(きょう)□(しつ)に社(しゃ)会(かい)□(か)の地(ち)図(ず)がある。

㉗ □(まい)□(にち)少(すこ)しずつ□(さん)□(すう)のべん強(きょう)をする。

㉘ □(こた)えがぜんぶ合(あ)って国(こく)□(ご)は□(ひゃく)□(てん)だ。

㉙ 売(ばい)店(てん)で□(しん)□(ぶん)を□(か)おうと言(い)う。

㉚ 家(いえ)での□(せい)□(かつ)を□(にっ)□(き)に書(か)く。

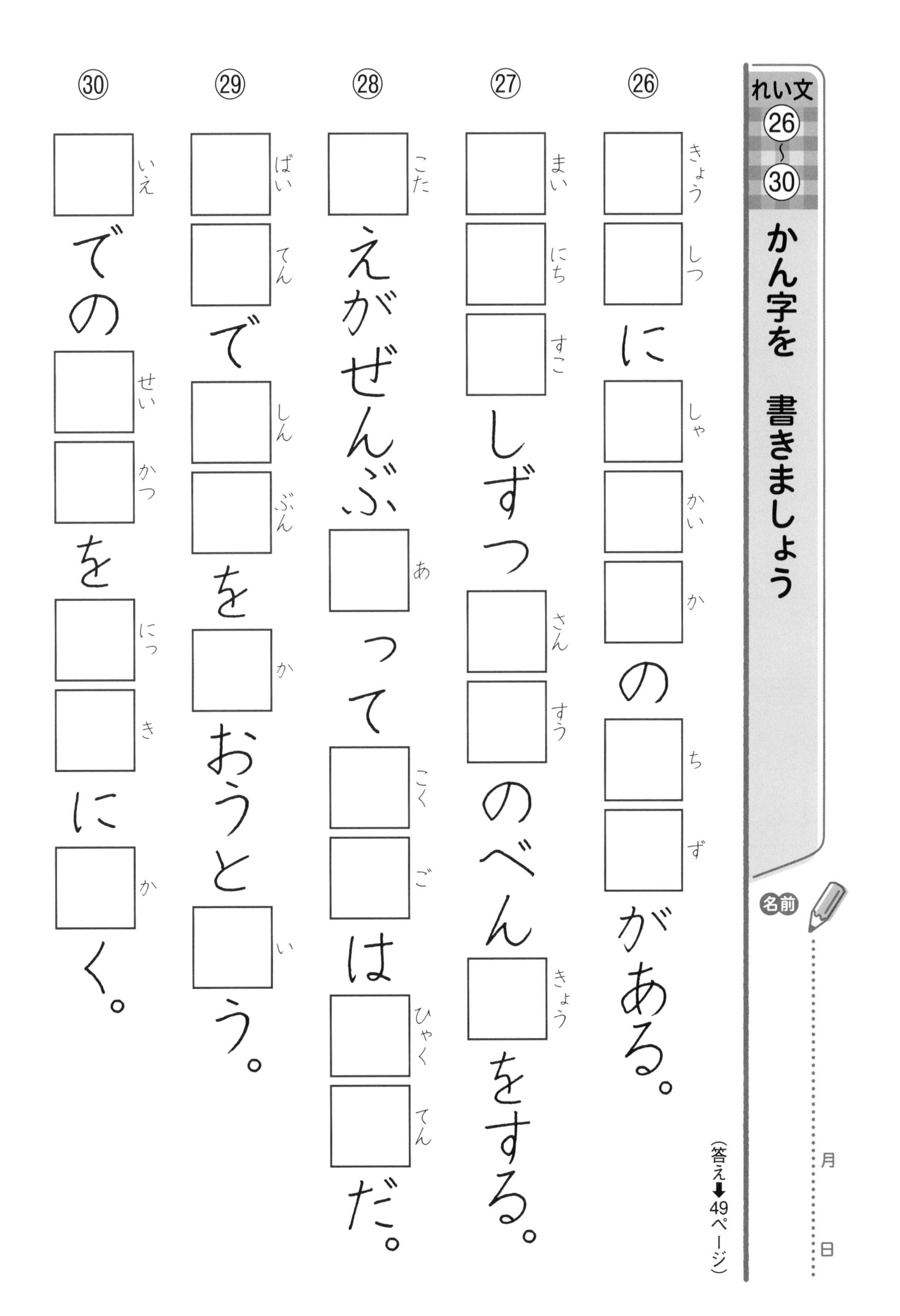

れい文 ㉖～㉚

かん字を 書きましょう

名前

月　日

（答え⬇49ページ）

㉖ □(きょう)□(しつ)に□(しゃ)□(かい)□(か)の□(ち)□(ず)がある。

㉗ □(まい)□(にち)□(すこ)しずつ□(さん)□(すう)のべん□(きょう)をする。

㉘ □(こた)えがぜんぶ□(あ)って□(こく)□(ご)は□(ひゃく)□(てん)だ。

㉙ □(ばい)□(てん)で□(しん)□(ぶん)を□(か)おうと□(い)う。

㉚ □(いえ)での□(せい)□(かつ)を□(にっ)□(き)に□(か)く。

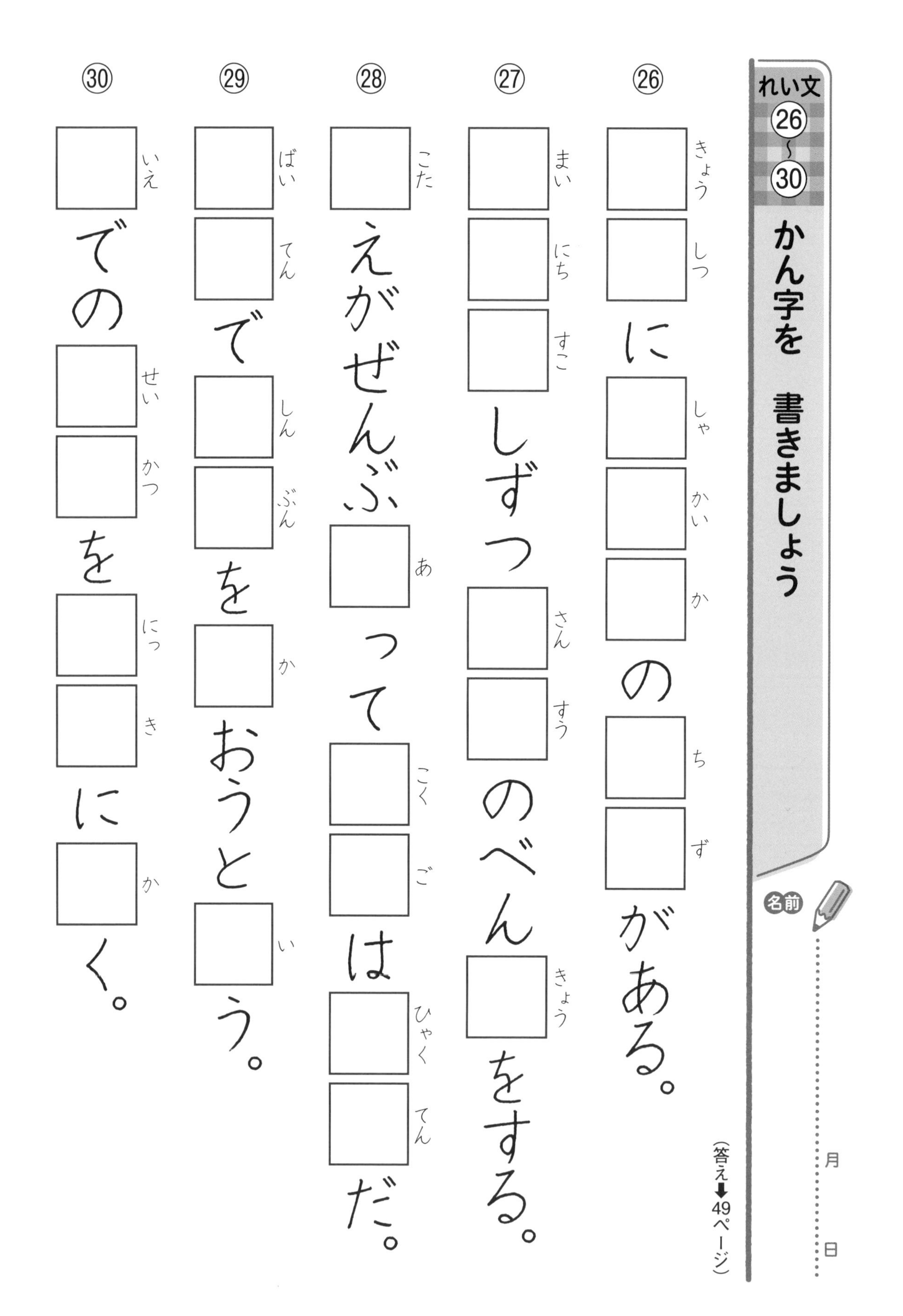

れい文 ㉖〜㉚

かん字を　書きましょう

名前

月　日

（答え➡49ページ）

㉖ □（きょう）□（しつ）に□（しゃ）□（かい）□（か）の□（ち）□（ず）がある。

㉗ □（まい）□（にち）□（すこ）しずつ□（さん）□（すう）のべん□（きょう）をする。

㉘ □（こた）えがぜんぶ□（あ）って□（こく）□（ご）は□（ひゃく）□（てん）だ。

㉙ □（ばい）□（てん）で□（しん）□（ぶん）を□（か）おうと□（い）う。

㉚ □（いえ）での□（せい）□（かつ）を□（にっ）□（き）に□（か）く。

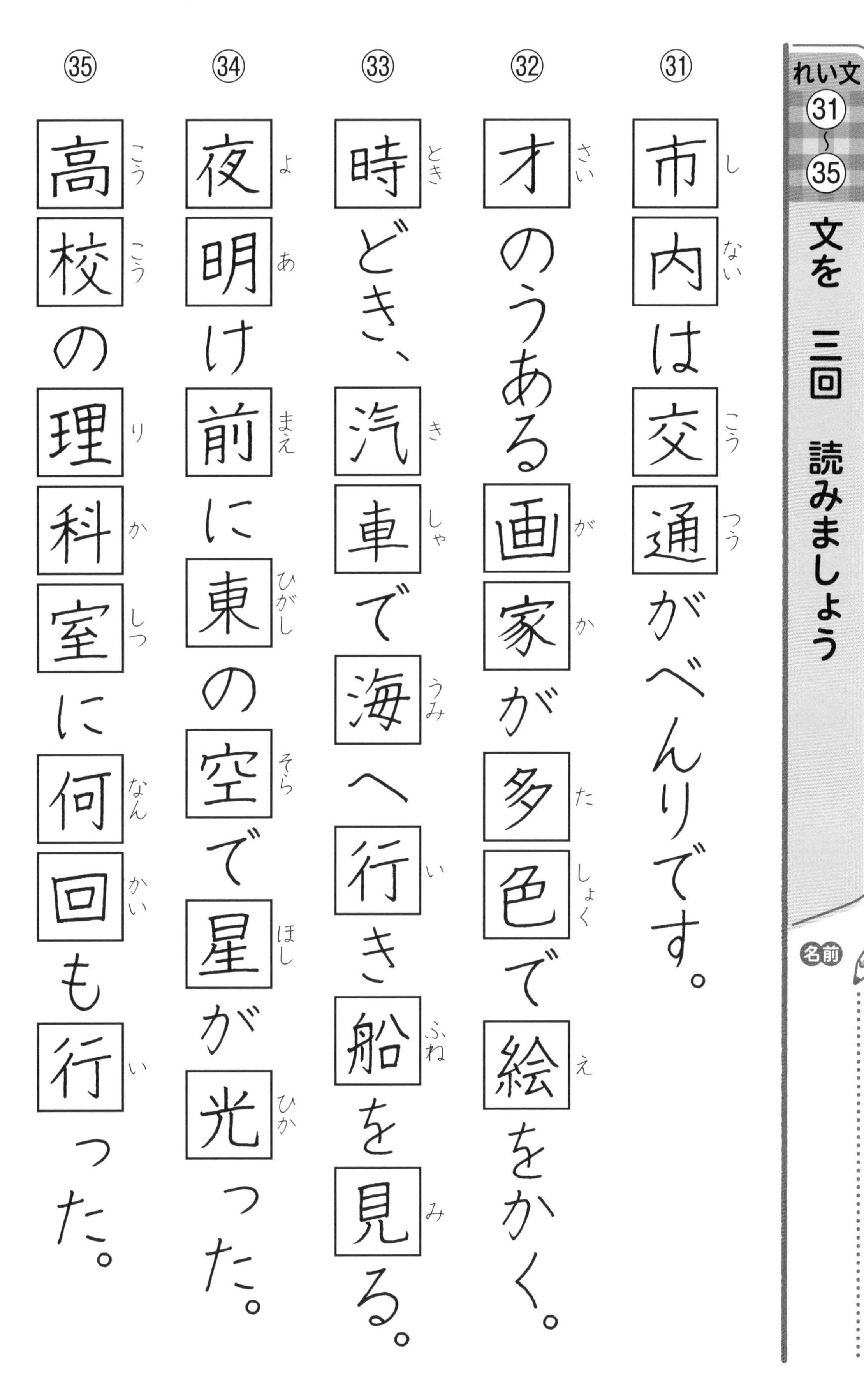

れい文 ㉛～㉟

文を　三回　読みましょう

名前

月　日

㉛ 市内は交通がべんりです。

㉜ 才のある画家が多色で絵をかく。

㉝ 時どき、汽車で海へ行き船を見る。

㉞ 夜明け前に東の空で星が光った。

㉟ 高校の理科室に何回も行った。

れい文 ㉛〜㉟

かん字を ていねいに なぞりましょう

名前

月　日

㉛ 市内(しない)は交通(こうつう)がべんりです。

㉜ 才(さい)のある画家(がか)が多色(たしょく)で絵(え)をかく。

㉝ 時(とき)どき、汽車(きしゃ)で海(うみ)へ行(い)き船(ふね)を見(み)る。

㉞ 夜明(よあ)け前(まえ)に東(ひがし)の空(そら)で星(ほし)が光(ひか)った。

㉟ 高校(こうこう)の理科室(りかしつ)に何回(なんかい)も行(い)った。

れい文 ㉛～㉟

かん字に　読みがなを　つけましょう

名前

月　日

（答え⬇57ページ）

㉛ 市内は交通がべんりです。

㉜ 才のうある画家が多色で絵をかく。

㉝ 時どき、汽車で海へ行き船を見る。

㉞ 夜明け前に東の空で星が光った。

㉟ 高校の理科室に何回も行った。

れい文 31～35

同じぶ分をもつかん字に読みがなを書きましょう

名前

月　日

● 同じぶ分があり、同じ読みをするかん字です。読みがなを書きましょう。

（答え➡95ページ）

※○数字は、学しゅうする学年です。㊥は中学校、㊫は高校でならいます。

(1) 寺②ジ
・時②間②（　）
・持③参④（　）

(2) 交②コウ
・学①校①（　）
・効⑤果④（　）
・郊㊥外②（　）

(3) 生①セイ
・火①星②（　）
・性⑤別④（　）

(4) 里②リ
・理②科②（　）
・表③裏⑥（　）

(5) 袁㊫エン
・動③物③園②（　）
・遠②足①（　）

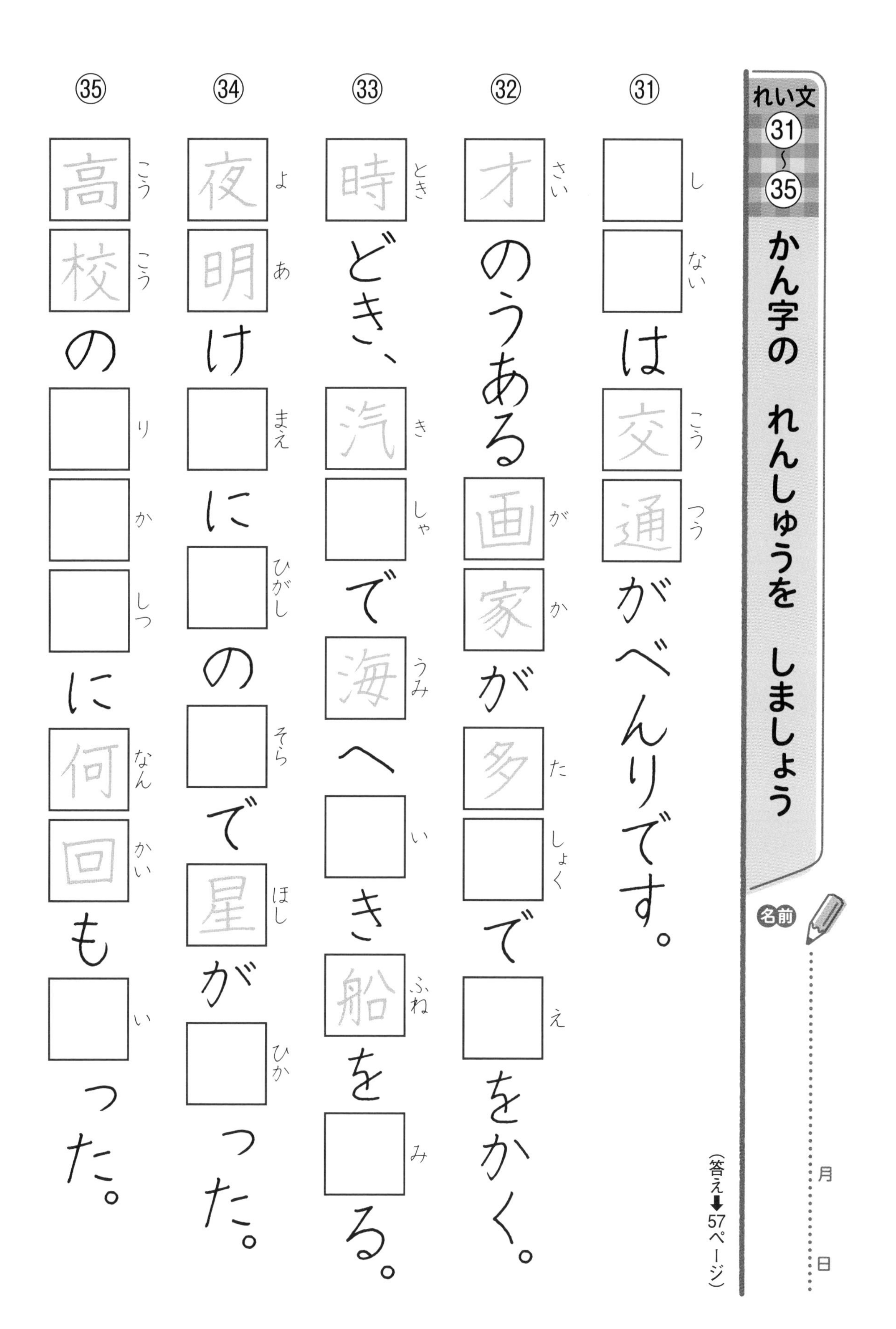

れい文 ㉛〜㉟
かん字の　れんしゅうを　しましょう
名前
月　日
（答え➡57ページ）
㉛ □（し）□（ない）は交（こう）通（つう）がべんりです。
㉜ 才（さい）のある画（が）家（か）が多（た）□（しょく）で□（え）をかく。
㉝ 時（とき）どき、汽（き）□（しゃ）で海（うみ）へ□（い）き船（ふね）を□（み）る。
㉞ 夜（よ）明（あ）け□（まえ）に□（ひがし）の□（そら）で星（ほし）が□（ひか）った。
㉟ 高（こう）校（こう）の□（り）□（か）□（しつ）に何（なん）回（かい）も□（い）った。

れい文 ㉛〜㉟

かん字の　れんしゅうを　しましょう

名前

月　日

（答え⬇57ページ）

㉛ 市内（しない）は□□（こうつう）がべんりです。

㉜ □（さい）のある□□（がか）が□（た）色（しょく）で絵（え）をかく。

㉝ □（とき）どき、□（き）車（しゃ）で□（うみ）へ行（い）き□（ふね）を□（み）る。

㉞ □□（よあ）け前（まえ）に東（ひがし）の□（そら）で□（ほし）が光（ひか）った。

㉟ □□（こうこう）の理科室（りかしつ）に□□（なんかい）も行（い）った。

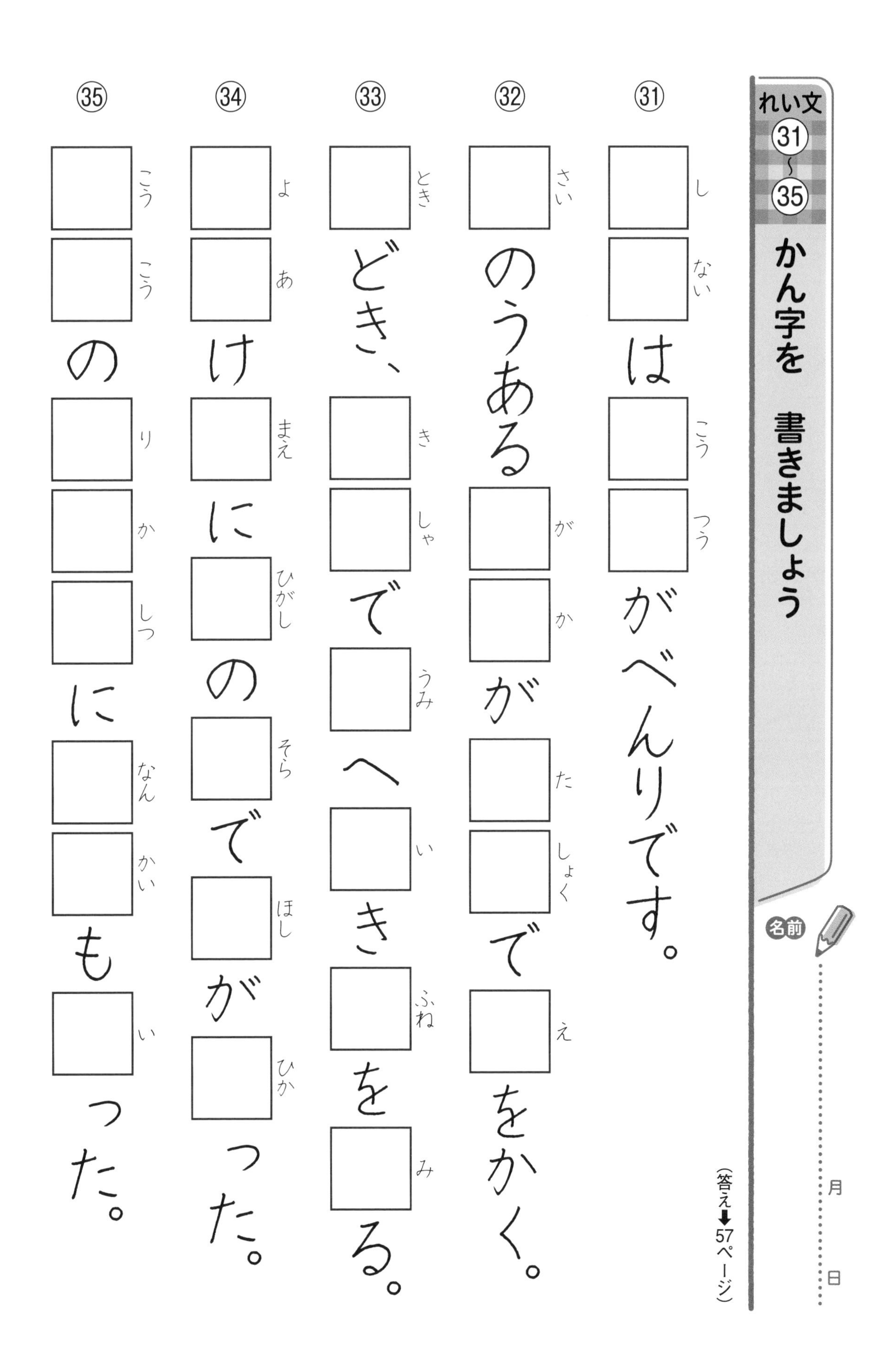

れい文 ㉛～㉟

かん字を　書きましょう

名前

月　　日

㉛ □（し）□（ない）は□（こう）□（つう）がべんりです。

㉜ □（さい）のある□（が）□（か）が□（た）□（しょく）で□（え）をかく。

㉝ □（とき）どき、□（き）□（しゃ）で□（うみ）へ□（い）き□（ふね）を□（み）る。

㉞ □（よ）□（あ）け□（まえ）に□（ひがし）の□（そら）で□（ほし）が□（ひか）った。

㉟ □（こう）□（こう）の□（り）□（か）□（しつ）に□（なん）□（かい）も□（い）った。

（答え⬇57ページ）

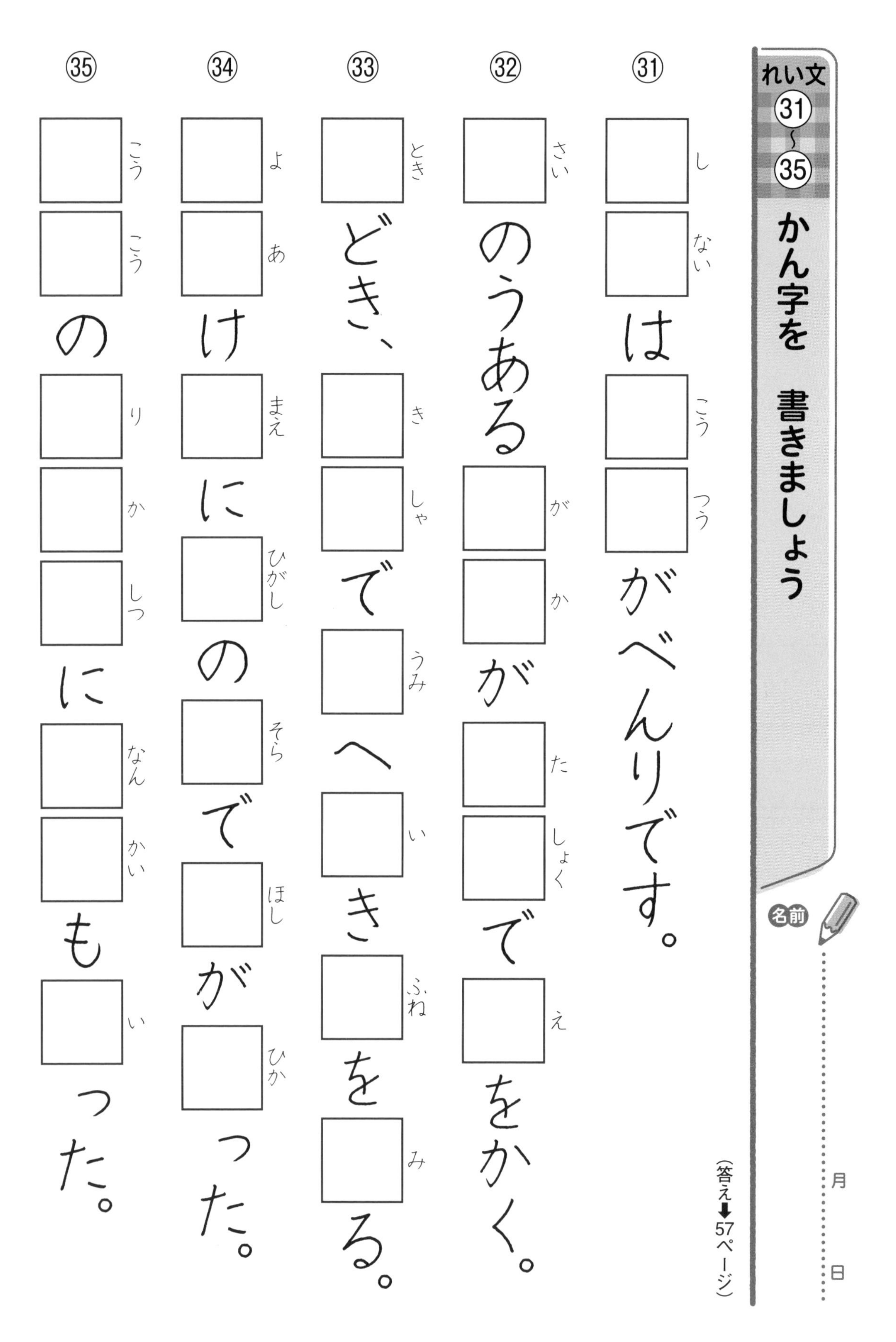

れい文 ㉛〜㉟ かん字を 書きましょう

名前

月　日

（答え⬇57ページ）

㉛ □□（しない）は□□（こうつう）がべんりです。

㉜ □（さい）のある□□（がか）が□□（たしょく）で□（え）をかく。

㉝ □（とき）どき、□□（きしゃ）で□（うみ）へ□（い）き□（ふね）を□（み）る。

㉞ □□（よあ）け□（まえ）に□（ひがし）の□（そら）で□（ほし）が□（ひか）った。

㉟ □□（こうこう）の□□□（りかしつ）に□□（なんかい）も□（い）った。

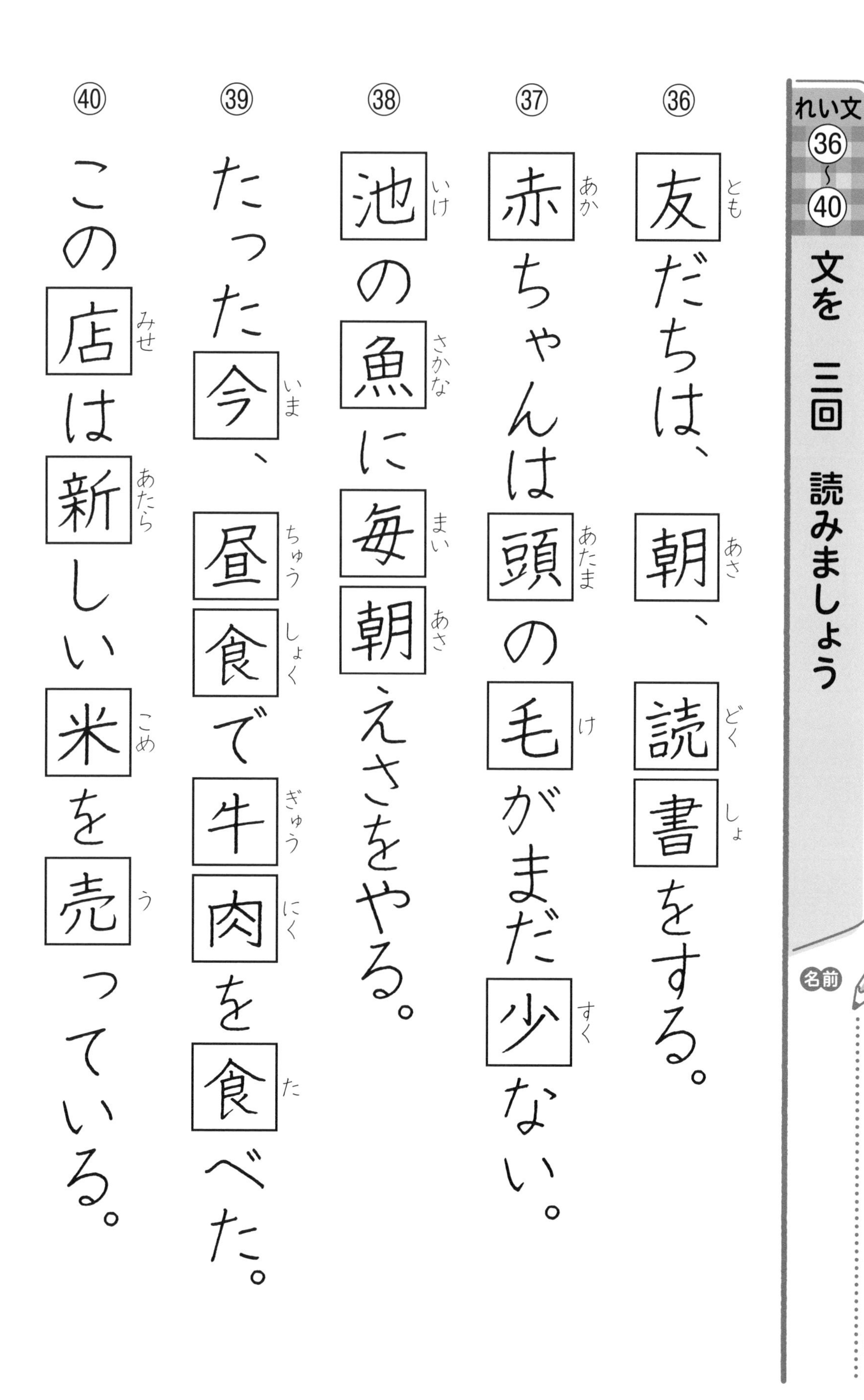

れい文 ㊱〜㊵

文を　三回　読みましょう

名前

月　日

㊱ 友(とも)だちは、朝(あさ)、読(どく)書(しょ)をする。

㊲ 赤(あか)ちゃんは頭(あたま)の毛(け)がまだ少(すく)ない。

㊳ 池(いけ)の魚(さかな)に毎(まい)朝(あさ)えさをやる。

㊴ たった今(いま)、昼(ちゅう)食(しょく)で牛(ぎゅう)肉(にく)を食(た)べた。

㊵ この店(みせ)は新(あたら)しい米(こめ)を売(う)っている。

れい文 ㊱〜㊵ かん字を　ていねいに　なぞりましょう

名前

月　日

㊱ 友(とも)だちは、朝(あさ)、読書(どくしょ)をする。

㊲ 赤(あか)ちゃんは頭(あたま)の毛(け)がまだ少(すく)ない。

㊳ 池(いけ)の魚(さかな)に毎朝(まいあさ)えさをやる。

㊴ たった今(いま)、昼食(ちゅうしょく)で牛肉(ぎゅうにく)を食(た)べた。

㊵ この店(みせ)は新(あたら)しい米(こめ)を売(う)っている。

れい文 ㊱〜㊵

かん字に　読みがなを　つけましょう

名前

月　日

㊱ 友だちは、朝、読書をする。

㊲ 赤ちゃんは頭の毛がまだ少ない。

㊳ 池の魚に毎朝えさをやる。

㊴ たった今、昼食で牛肉を食べた。

㊵ この店は新しい米を売っている。

（答え➡65ページ）

れい文36〜40

かん字の でき方を 読みましょう

名前

月 日

友

とも ユウ

友だち 親友

右手と右手を組み合わせた形。手を取り合って助け合う友・仲よしという意味です。

朝

あさ チョウ

朝の会 朝礼

草（）が四つと日と月とを合わせた形。草の間に日がのぼり、まだ月が残っている朝を表しています。

頭

あたま トウ ズ

頭をかく 先頭 頭上

豆（まめ・トウ・ズ）＋頁で、トウ・ズと読みます。頁は、儀式用のぼうしをつけた人を横から見た形。

肉

ニク

牛肉

肉のかたまりの形。ななめの二本の線は、きん肉のすじを表しています。

米

こめ ベイ マイ

生米 米作 白米

実がついている稲の形。

※麦（）は麦ふみをしている形からできました。

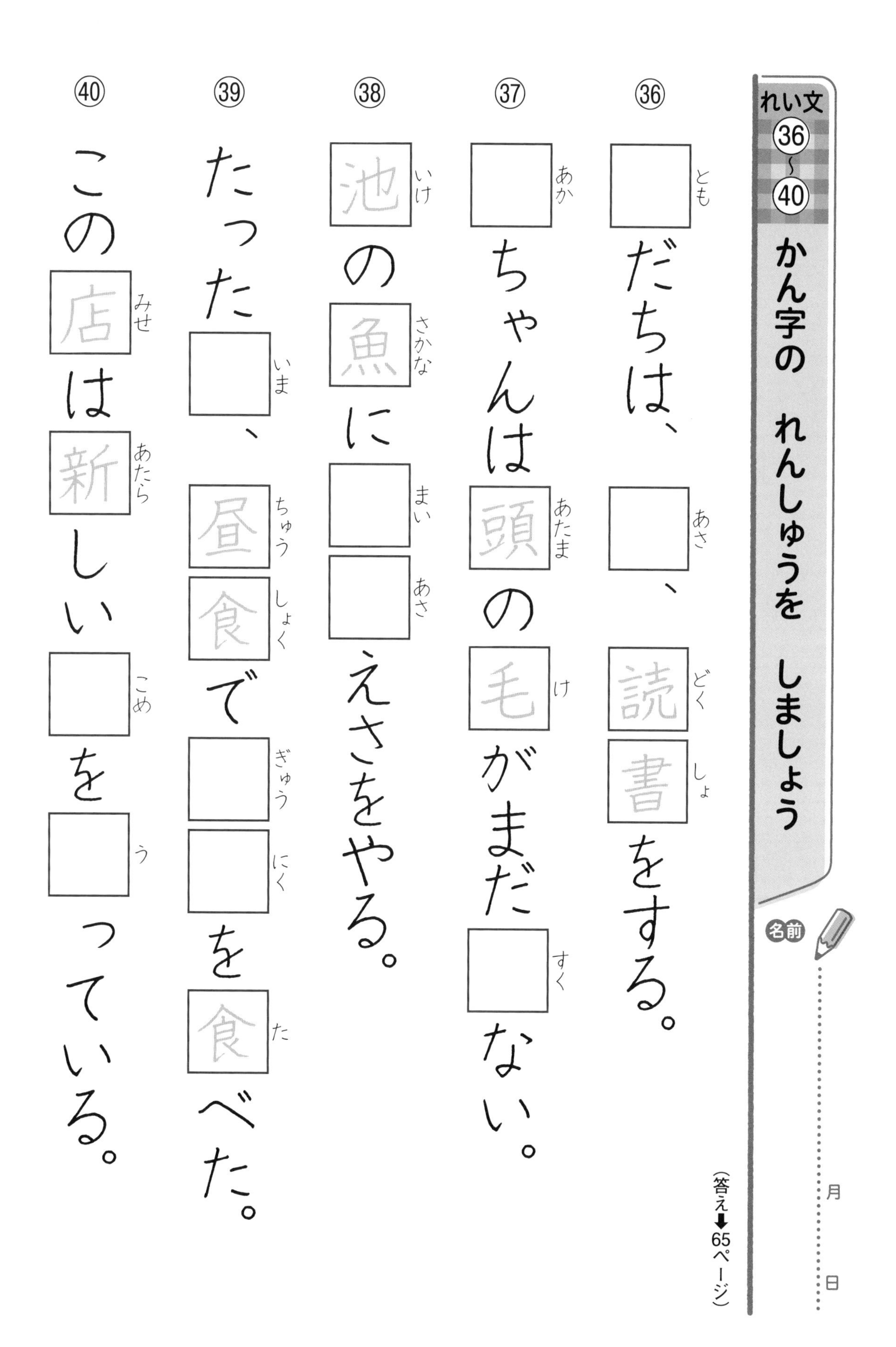

れい文 ㊱～㊵

かん字の　れんしゅうを　しましょう

名前

月　日

（答え⬇65ページ）

㊱ □（とも）だちは、□（あさ）、読（どく）書（しょ）をする。

㊲ □（あか）ちゃんは頭（あたま）の毛（け）がまだ□（すく）ない。

㊳ 池（いけ）の魚（さかな）に□（まい）□（あさ）えさをやる。

㊴ たった□（いま）、昼（ちゅう）食（しょく）で□（ぎゅう）□（にく）を食（た）べた。

㊵ この店（みせ）は新（あたら）しい□（こめ）を□（う）っている。

れい文㊱〜㊵ かん字の れんしゅうを しましょう

名前

月　日

（答え➡65ページ）

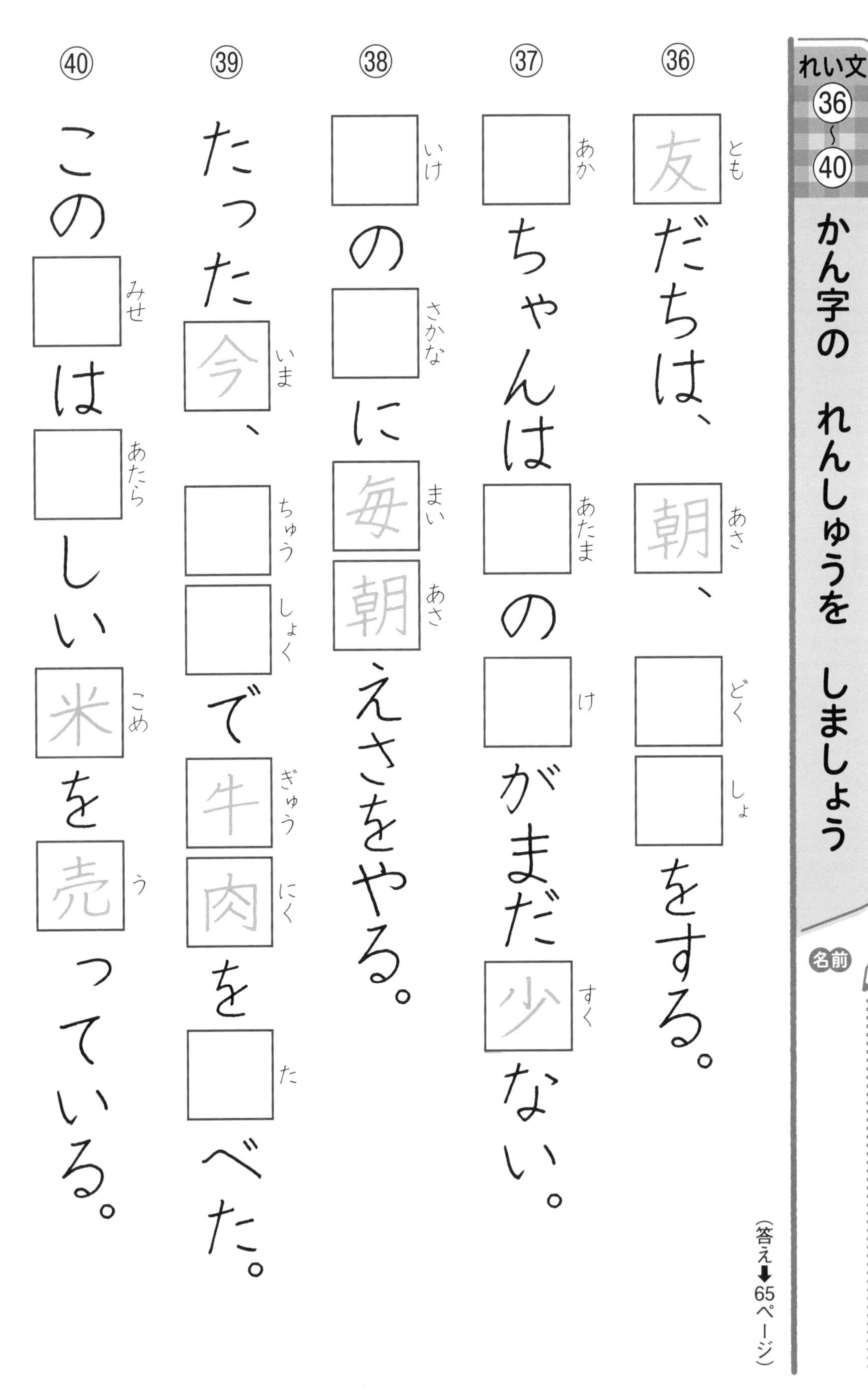

㊱ 友（とも）だちは、朝（あさ）、□（どく）□（しょ）をする。

㊲ □（あか）ちゃんは□（あたま）の□（け）がまだ少（すく）ない。

㊳ □（いけ）の□（さかな）に毎（まい）朝（あさ）えさをやる。

㊴ たった今（いま）、□（ちゅう）□（しょく）で牛（ぎゅう）肉（にく）を□（た）べた。

㊵ この□（みせ）は□（あたら）しい米（こめ）を売（う）っている。

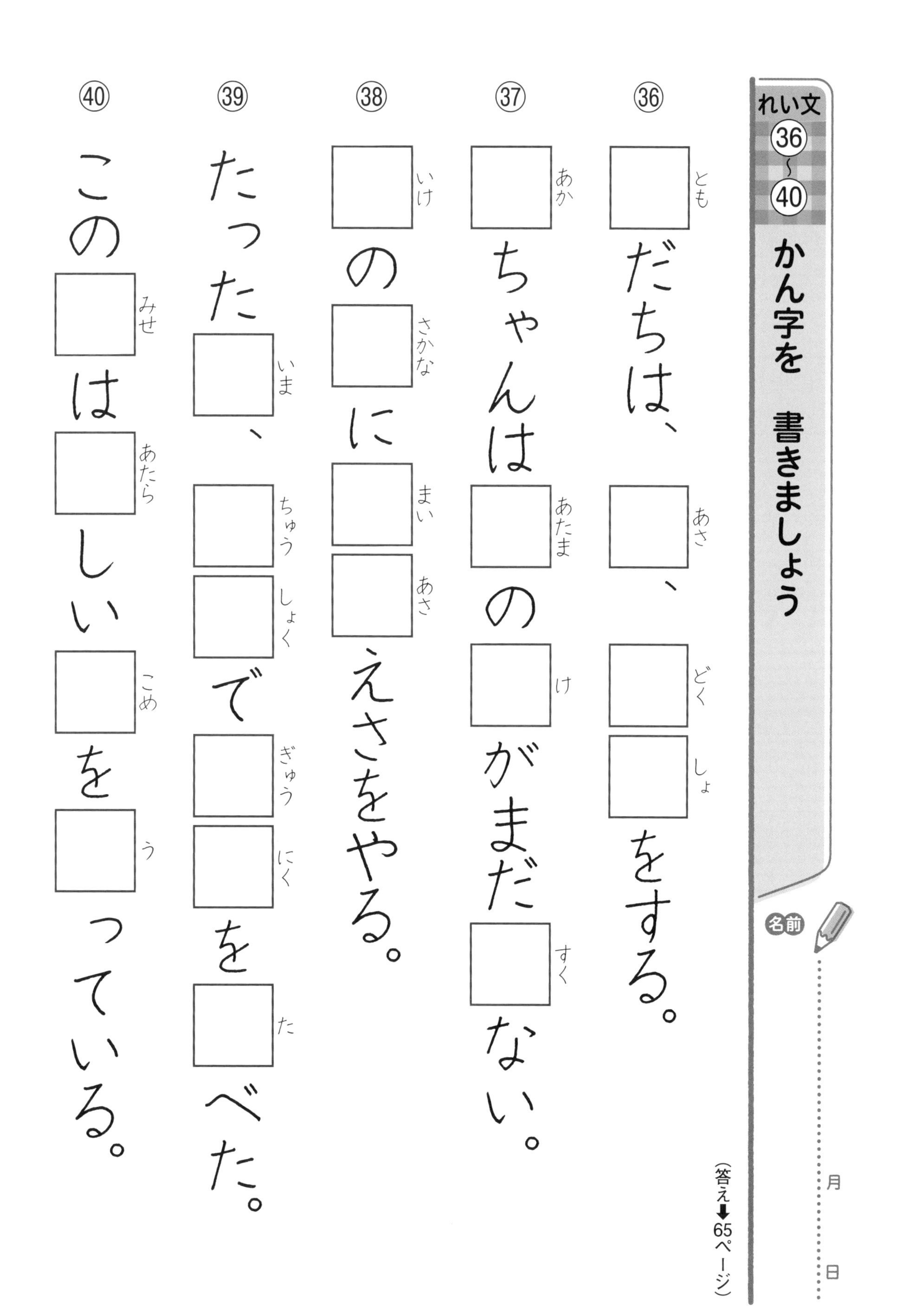

れい文 ㊱〜㊵ かん字を 書きましょう

名前

月　日

（答え➡65ページ）

㊱ □（とも）だちは、□（あさ）、□□（どくしょ）をする。

㊲ □（あか）ちゃんは□（あたま）の□（け）がまだ□（すく）ない。

㊳ □（いけ）の□（さかな）に□□（まいあさ）えさをやる。

㊴ たった□（いま）、□□（ちゅうしょく）で□□（ぎゅうにく）を□（た）べた。

㊵ この□（みせ）は□（あたら）しい□（こめ）を□（う）っている。

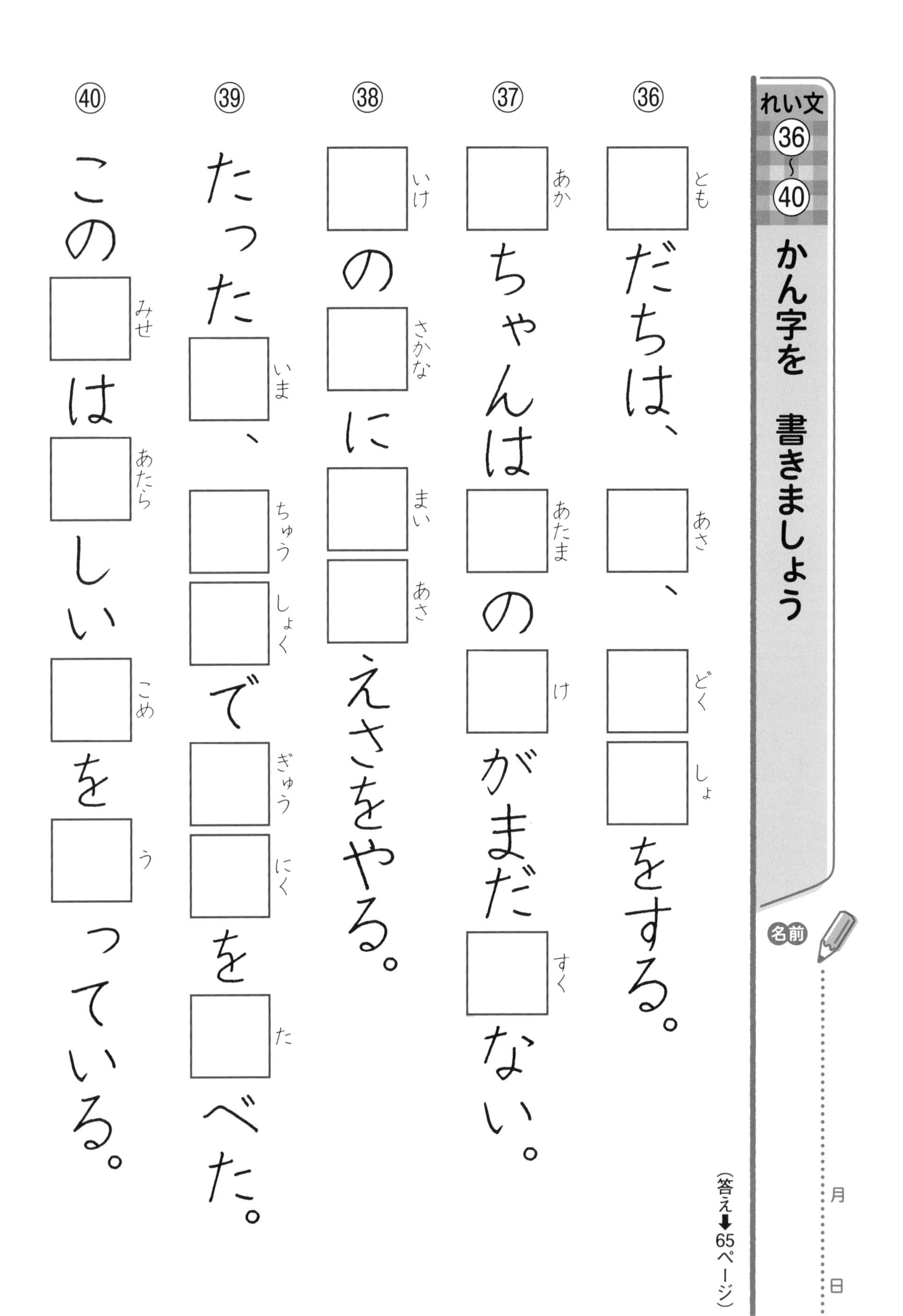

れい文 ㊱～㊵ かん字を　書きましょう

名前

月　日

（答え➡65ページ）

㊱ □（とも）だちは、□（あさ）、□（どく）□（しょ）をする。

㊲ □（あか）ちゃんは□（あたま）の□（け）がまだ□（すく）ない。

㊳ □（いけ）の□（さかな）に□（まい）□（あさ）えさをやる。

㊴ たった□（いま）、□（ちゅう）□（しょく）で□（ぎゅう）□（にく）を□（た）べた。

㊵ この□（みせ）は□（あたら）しい□（こめ）を□（う）っている。

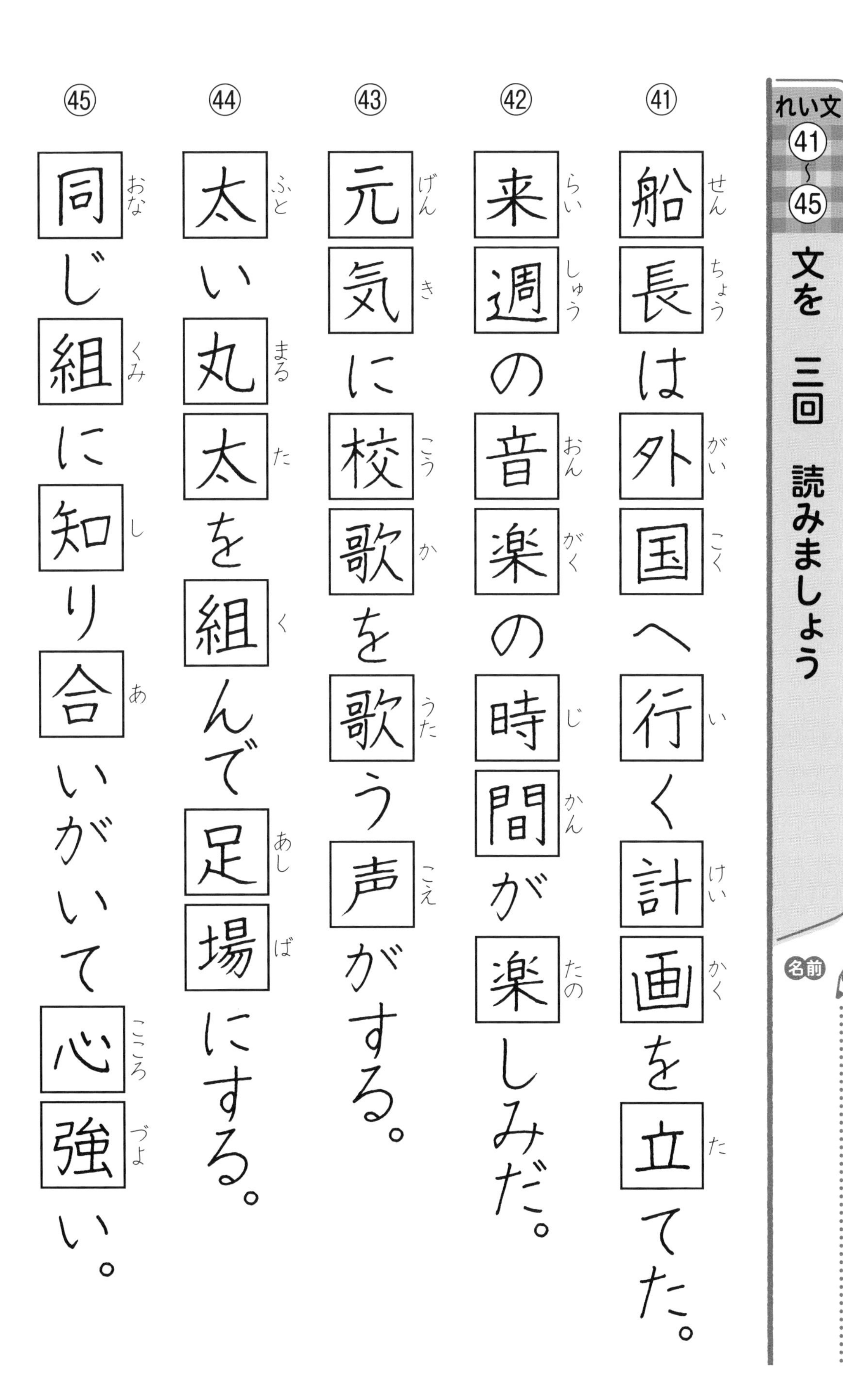

れい文 ㊶～㊺

文を　三回　読みましょう

名前

月　日

㊶ 船長（せんちょう）は外国（がいこく）へ行（い）く計画（けいかく）を立（た）てた。

㊷ 来週（らいしゅう）の音楽（おんがく）の時間（じかん）が楽（たの）しみだ。

㊸ 元気（げんき）に校歌（こうか）を歌（うた）う声（こえ）がする。

㊹ 太（ふと）い丸太（まるた）を組（く）んで足場（あしば）にする。

㊺ 同（おな）じ組（くみ）に知（し）り合（あ）いがいて心強（こころづよ）い。

れい文 ㊶〜㊺

かん字を　ていねいに　なぞりましょう

名前

月　日

㊶ 船長(せんちょう)は外国(がいこく)へ行(い)く計画(けいかく)を立(た)てた。

㊷ 来週(らいしゅう)の音楽(おんがく)の時間(じかん)が楽(たの)しみだ。

㊸ 元気(げんき)に校歌(こうか)を歌(うた)う声(こえ)がする。

㊹ 太(ふと)い丸太(まるた)を組(く)んで足場(あしば)にする。

㊺ 同(おな)じ組(くみ)に知(し)り合(あ)いがいて心強(こころづよ)い。

れい文 41〜45

かん字に　読みがなを　つけましょう

名前

月　日

（答え➡73ページ）

㊶ 船長は外国へ行く計画を立てた。

㊷ 来週の音楽の時間が楽しみだ。

㊸ 元気に校歌を歌う声がする。

㊹ 太い丸太を組んで足場にする。

㊺ 同じ組に知り合いがいて心強い。

れい文 41〜45

かん字の　でき方を　読みましょう

名前

月　日

長

ながーい　チョウ

長生き　会長

かみの長い老人がつえをついている字で、「長い」という意味。

かみの長い老人は、みんなを指導する人として尊敬されていました。

このことから、校長・社長など代表者の意味ももつようになりました。

楽

たのーしい　ガク　ラク

楽しい休日　音楽会　気楽

手に持つすずの形。すずを持っておどり、神様を楽しませました。

また、すずをふって歌うようにおがんで病気を治したと言われています。

それで音楽の意味に使う字となりました。

歌

うた　うたーう　カ

歌声　楽しく歌う　校歌

可＋可＋欠。

欠は立っている人が大きく口をあけて歌っている様子を表しています。

組

くーむ　くみ　ソ

組み立てる　二年一組　組織

糸＋且。且は組みひものこと。それで組むという意味になりました。

※且があって、「ソ」と読む字…祖先・粗食など。

※糸がつく字…糸・絵・細・紙・線・組など。

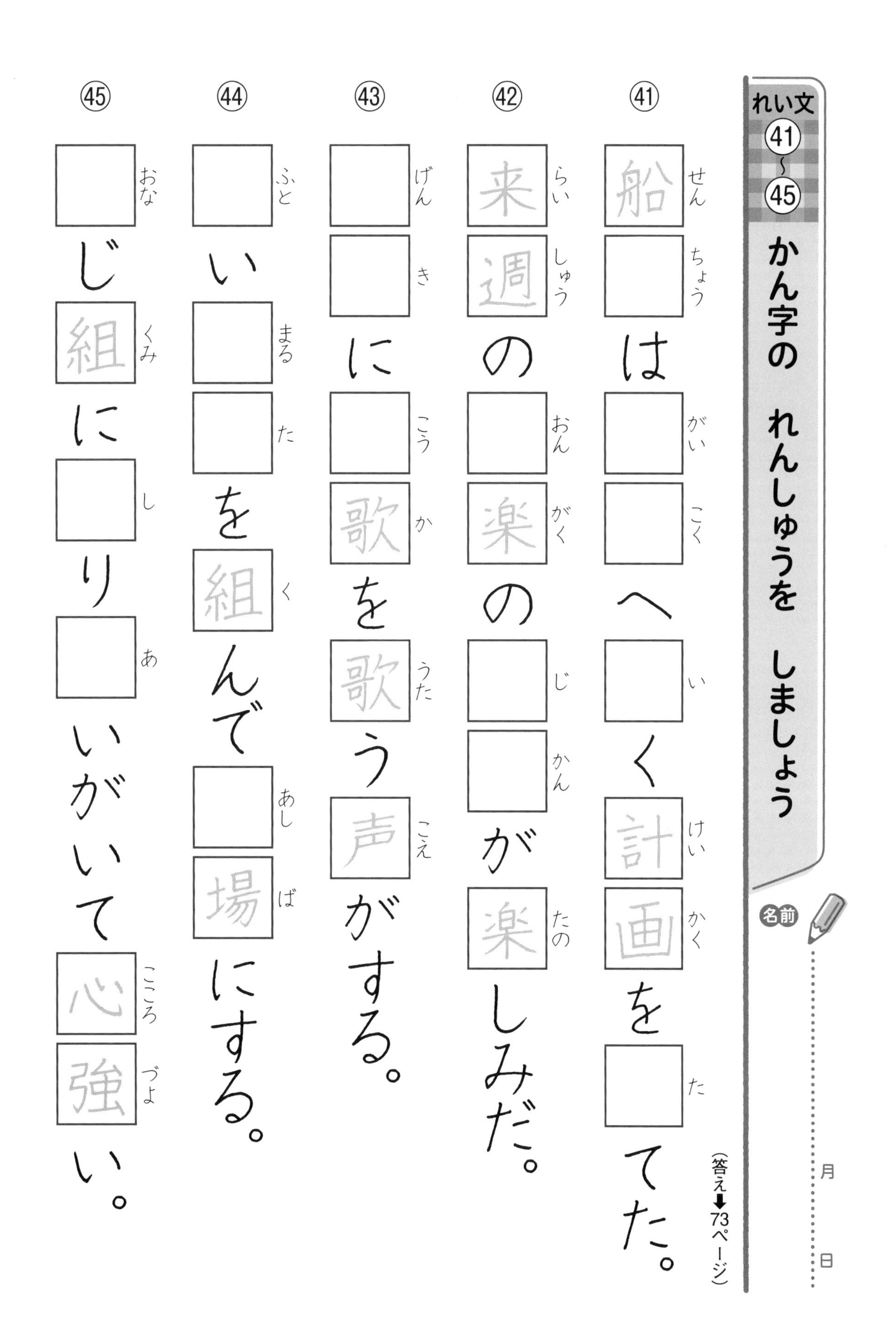

れい文 ㊶～㊺ かん字の れんしゅうを しましょう

名前

月　日

（答え➡73ページ）

㊶ □(せん)□(ちょう)は□(がい)□(こく)へ□(い)く計(けい)画(かく)を□(た)てた。

㊷ 来(らい)週(しゅう)の□(おん)楽(がく)の□(じ)□(かん)が楽(たの)しみだ。

㊸ □(げん)□(き)に□(こう)歌(か)を歌(うた)う声(こえ)がする。

㊹ □(ふと)い□(まる)□(た)を組(く)んで□(あし)場(ば)にする。

㊺ □(おな)じ組(くみ)に□(し)り□(あ)いがいて心(こころ)強(づよ)い。

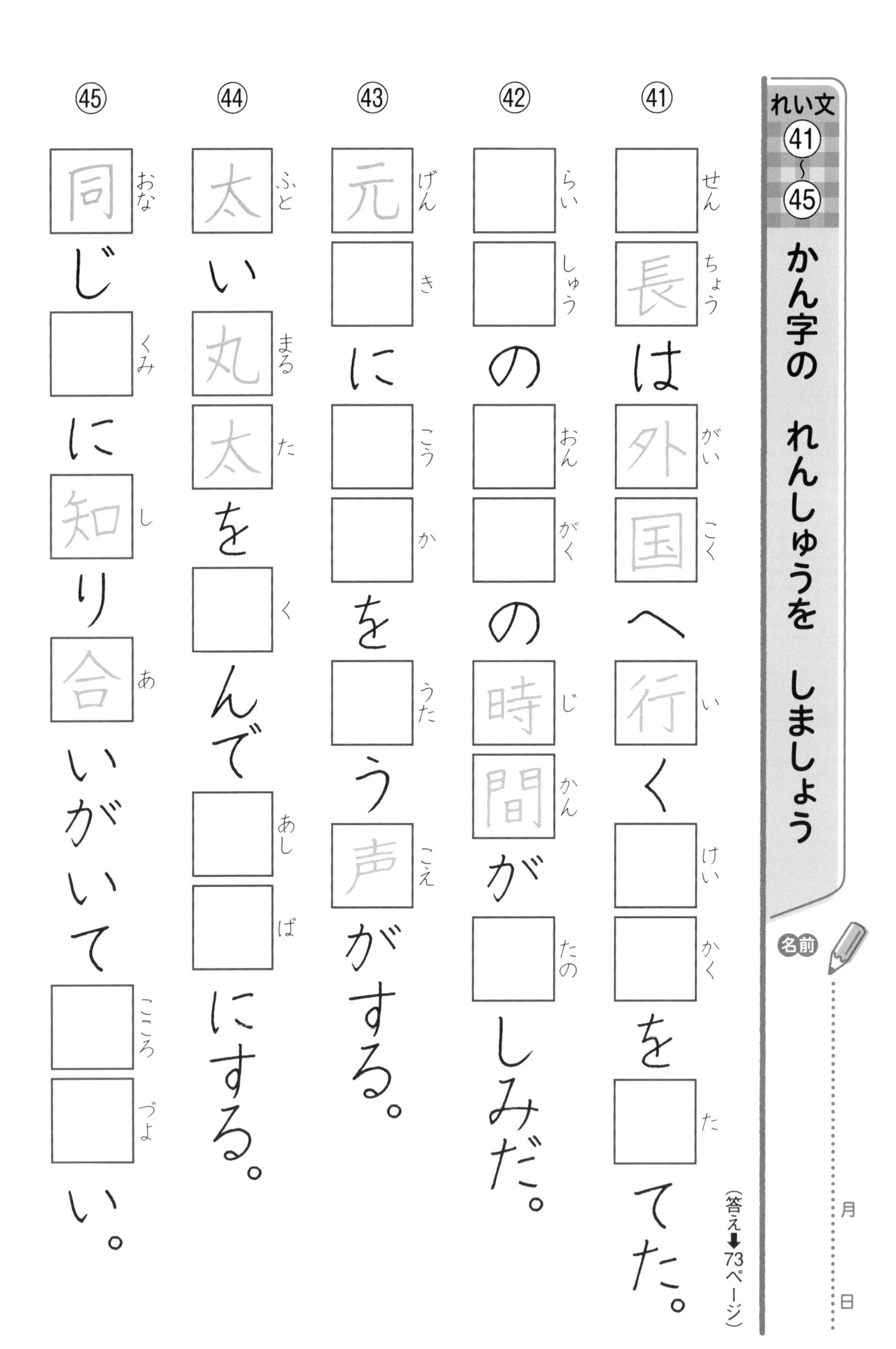

れい文 41〜45

かん字の れんしゅうを しましょう

名前

月　日

（答え➡73ページ）

41 □(せん)長(ちょう)は外(がい)国(こく)へ行(い)く□(けい)□(かく)を□(た)てた。

42 □(らい)□(しゅう)の□(おん)□(がく)の時(じ)間(かん)が□(たの)しみだ。

43 元(げん)□(き)に□(こう)□(か)を□(うた)う声(こえ)がする。

44 太(ふと)い丸(まる)太(た)を□(く)んで□(あし)□(ば)にする。

45 同(おな)じ□(くみ)に知(し)り合(あ)いがいて□(こころ)□(づよ)い。

れい文 ㊶〜㊺ かん字を　書きましょう

名前

月　日

（答え➡73ページ）

㊶ □□（せんちょう）は□□（がいこく）へ□（い）く□□（けいかく）を□（た）てた。

㊷ □□（らいしゅう）の□□（おんがく）の□□（じかん）が□（たの）しみだ。

㊸ □□（げんき）に□□（こうか）を□（うた）う□（こえ）がする。

㊹ □（ふと）い□□（まるた）を□（く）んで□□（あしば）にする。

㊺ □（おな）じ□（くみ）に□（し）り□（あ）いがいて□□（こころづよ）い。

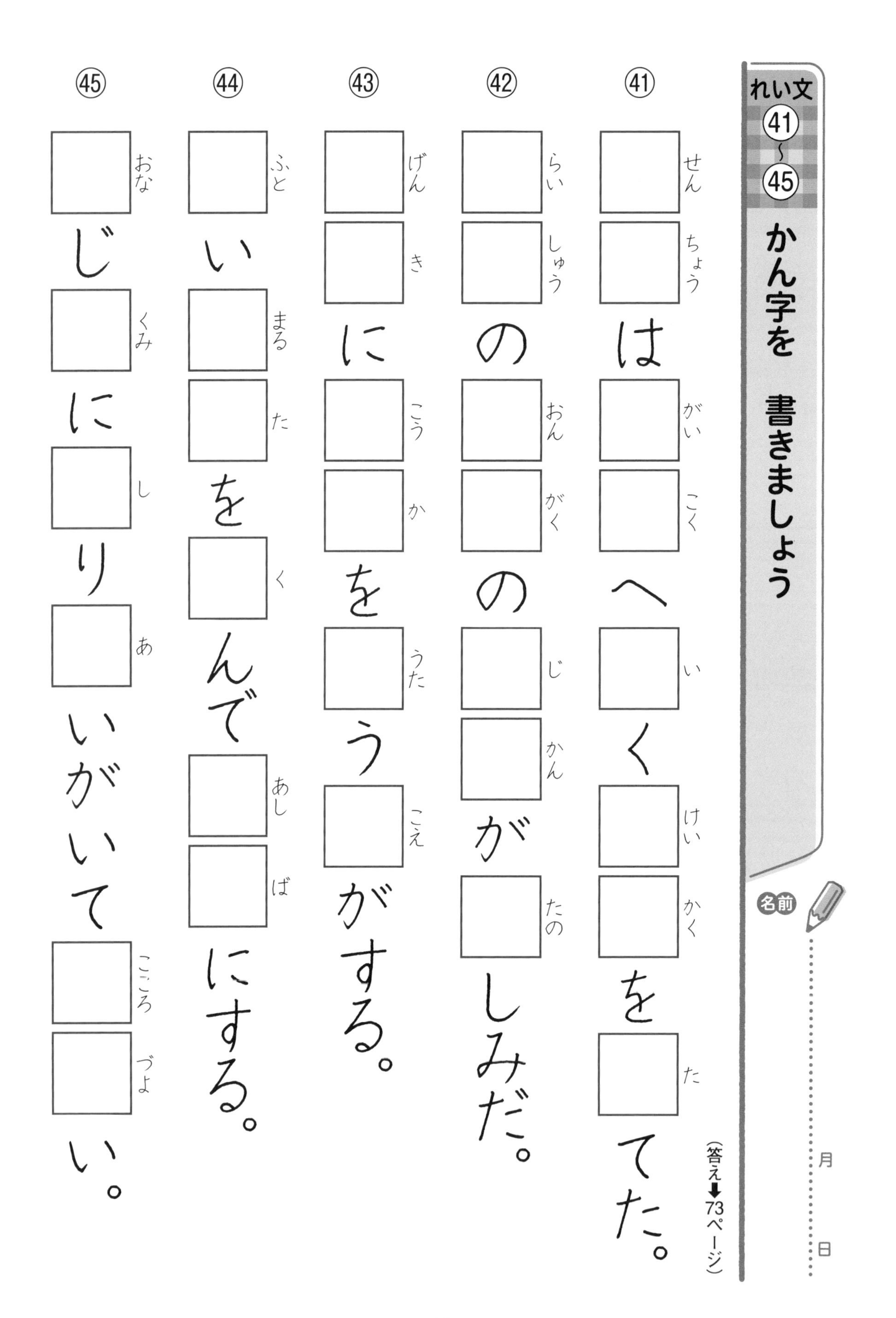

れい文 ㊶〜㊺

かん字を　書きましょう

名前

月　日

（答え➡73ページ）

㊶ □（せん）□（ちょう）は□（がい）□（こく）へ□（い）く□（けい）□（かく）を□（た）てた。

㊷ □（らい）□（しゅう）の□（おん）□（がく）の□（じ）□（かん）が□（たの）しみだ。

㊸ □（げん）□（き）に□（こう）□（か）を□（うた）う□（こえ）がする。

㊹ □（ふと）い□（まる）□（た）を□（く）んで□（あし）□（ば）にする。

㊺ □（おな）じ□（くみ）に□（し）り□（あ）いがいて□（こころ）□（づよ）い。

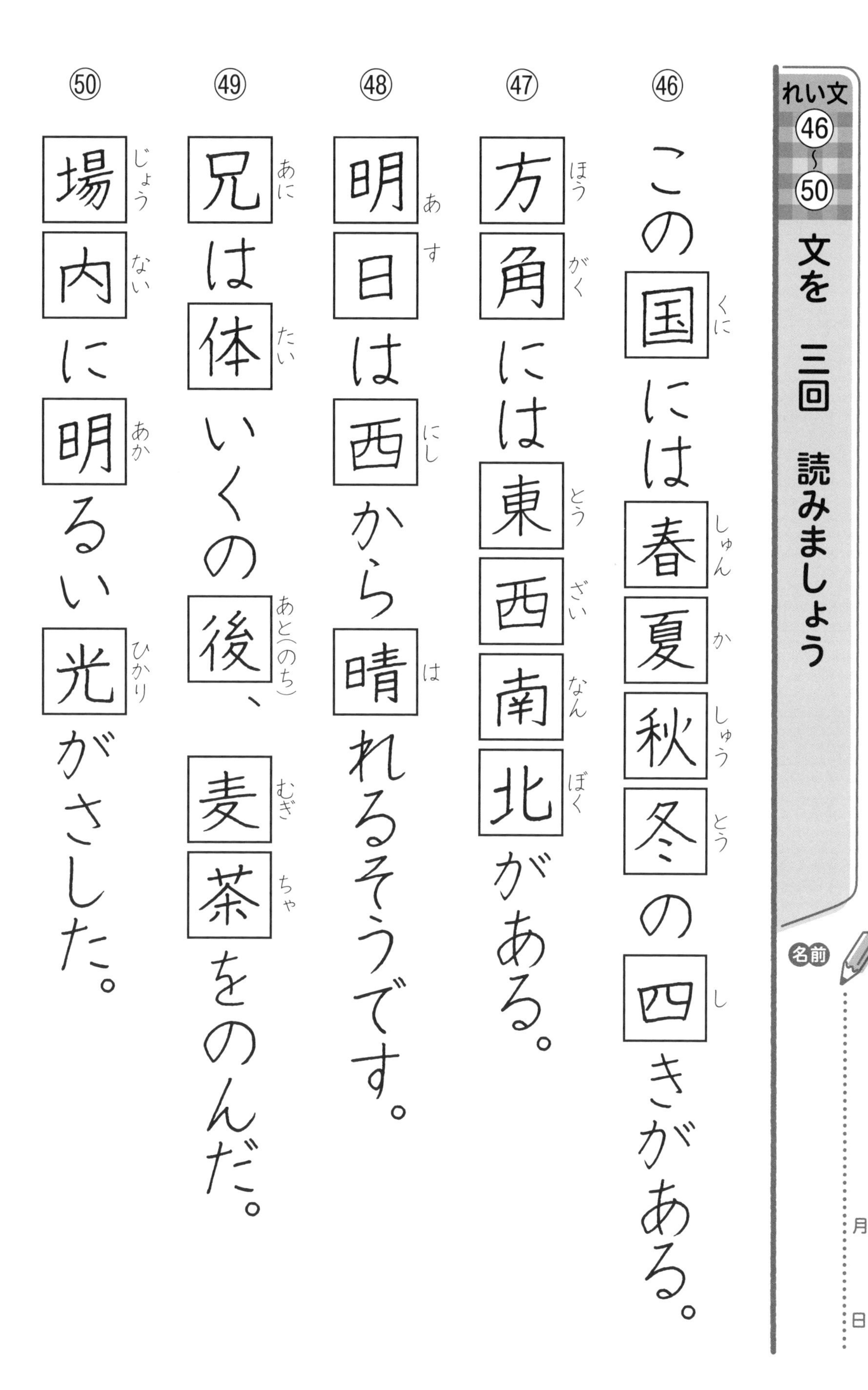

れい文 ㊻〜㊿ 文を 三回 読みましょう

名前　　　月　　日

㊻ この国(くに)には春(しゅん)夏(か)秋(しゅう)冬(とう)の四(し)きがある。

㊼ 方(ほう)角(がく)には東(とう)西(ざい)南(なん)北(ぼく)がある。

㊽ 明日(あす)は西(にし)から晴(は)れるそうです。

㊾ 兄(あに)は体(たい)いくの後(あと(のち))、麦(むぎ)茶(ちゃ)をのんだ。

㊿ 場(じょう)内(ない)に明(あか)るい光(ひかり)がさした。

れい文 ㊻～㊿

かん字を　ていねいに　なぞりましょう

名前

月　日

㊻ この国(くに)には春(しゅん)夏(か)秋(しゅう)冬(とう)の四(し)きがある。

㊼ 方(ほう)角(がく)には東(とう)西(ざい)南(なん)北(ぼく)がある。

㊽ 明(あ)日(す)は西(にし)から晴(は)れるそうです。

㊾ 兄(あに)は体(たい)いくの後(あと)、麦(むぎ)茶(ちゃ)をのんだ。

㊿ 場(じょう)内(ない)に明(あか)るい光(ひかり)がさした。

れい文 ㊻～㊿

かん字に　読みがなを　つけましょう

名前

月　日

（答え⬇81ページ）

㊻ この国には春夏秋冬の四きがある。

㊼ 方角には東西南北がある。

㊽ 明日は西から晴れるそうです。

㊾ 兄は体いくの後、麦茶をのんだ。

㊿ 場内に明るい光がさした。

れい文 46〜50

四文字の　ことばを　読みましょう

名前

月　日

(1) 春夏秋冬……きせつを表す春・夏・秋・冬は、四文字組み合わせれば「春夏秋冬」となります。

(2) 東西南北……東・西・南・北は四文字続けて言うと「東西南北」となります。東西、南北、北西、東南など二文字を組み合わせて方角を表すこともあります。東側、西方、南下、北上などの言葉もあります。

(3) 前後左右……前・後・左・右は、「前後」と「左右」をつけると「前後左右」。「車の前後」、「左右をよく見てわたる」など二文字を組み合わせて使うこともできます。

(4) 上下左右……上・下・左・右は「上下」と「左右」で「上下左右」。左上、右下などの言葉もあります。

(5) 兄弟姉妹……兄・弟・姉・妹も「兄弟姉妹」とくっつけて言うときがあります。「兄弟弟子・姉妹都市」とは言いますが、「兄弟都市・姉妹弟子」は辞書にはありません。

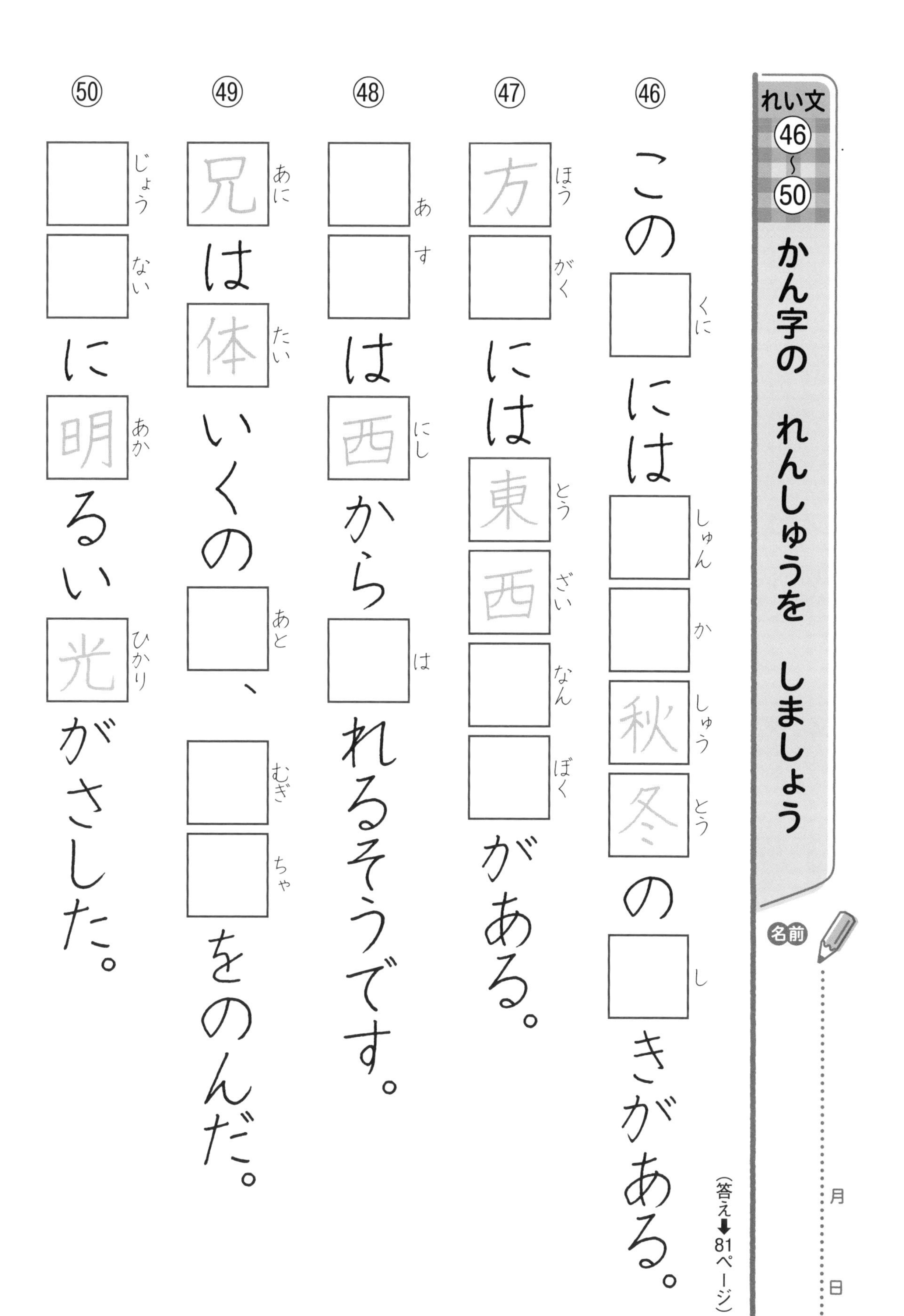

れい文 ㊻〜㊿ かん字の れんしゅうを しましょう

名前

月　日

（答え➡81ページ）

㊻ この□（くに）には□（しゅん）□（か）秋（しゅう）冬（とう）の□（し）きがある。

㊼ 方（ほう）□（がく）には東（とう）西（ざい）□（なん）□（ぼく）がある。

㊽ □（あ）□（す）は西（にし）から□（は）れるそうです。

㊾ 兄（あに）は体（たい）いくの□（あと）、□（むぎ）□（ちゃ）をのんだ。

㊿ □（じょう）□（ない）に明（あか）るい光（ひかり）がさした。

れい文 ㊻〜㊿

かん字の れんしゅうを しましょう

名前

月　日

(答え➡81ページ)

㊻ この国(くに)には春(しゅん)夏(か)□(しゅう)□(とう)の□(し)きがある。

㊼ □(ほう)角(がく)には□(とう)□(ざい)南(なん)北(ぼく)がある。

㊽ 明(あ)□(す)は□(にし)から晴(は)れるそうです。

㊾ □(あに)は□(たい)いくの後(あと)、麦(むぎ)茶(ちゃ)をのんだ。

㊿ 場(じょう)内(ない)に□(あか)るい□(ひかり)がさした。

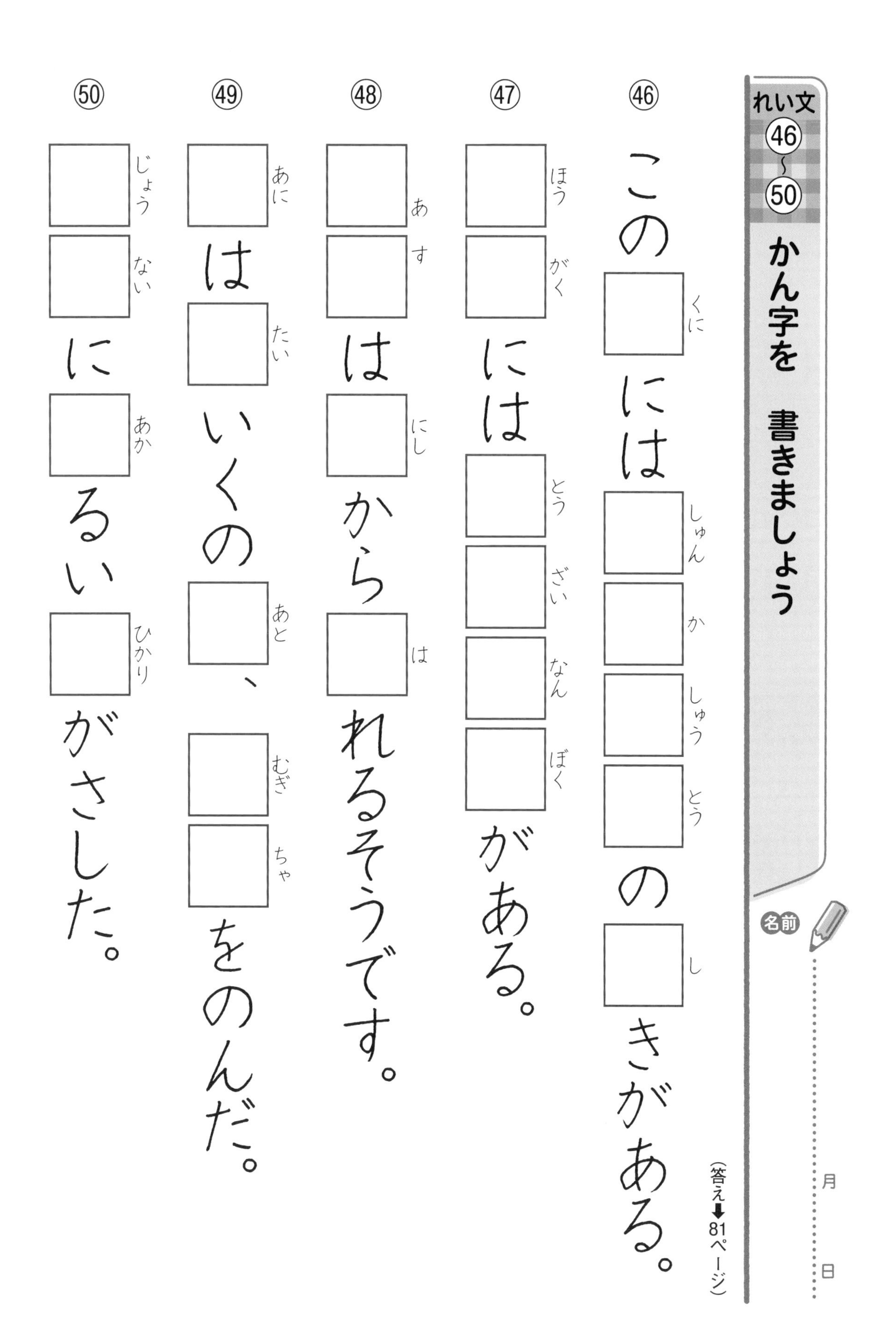

れい文 ㊻～㊿

かん字を　書きましょう

名前

月　日

（答え➡81ページ）

㊻ この□（くに）には□（しゅん）□（か）□（しゅう）□（とう）の□（し）きがある。

㊼ □（ほう）□（がく）には□（とう）□（ざい）□（なん）□（ぼく）がある。

㊽ □（あ）□（す）は□（にし）から□（は）れるそうです。

㊾ □（あに）は□（たい）いくの□（あと）、□（むぎ）□（ちゃ）をのんだ。

㊿ □（じょう）□（ない）に□（あか）るい□（ひかり）がさした。

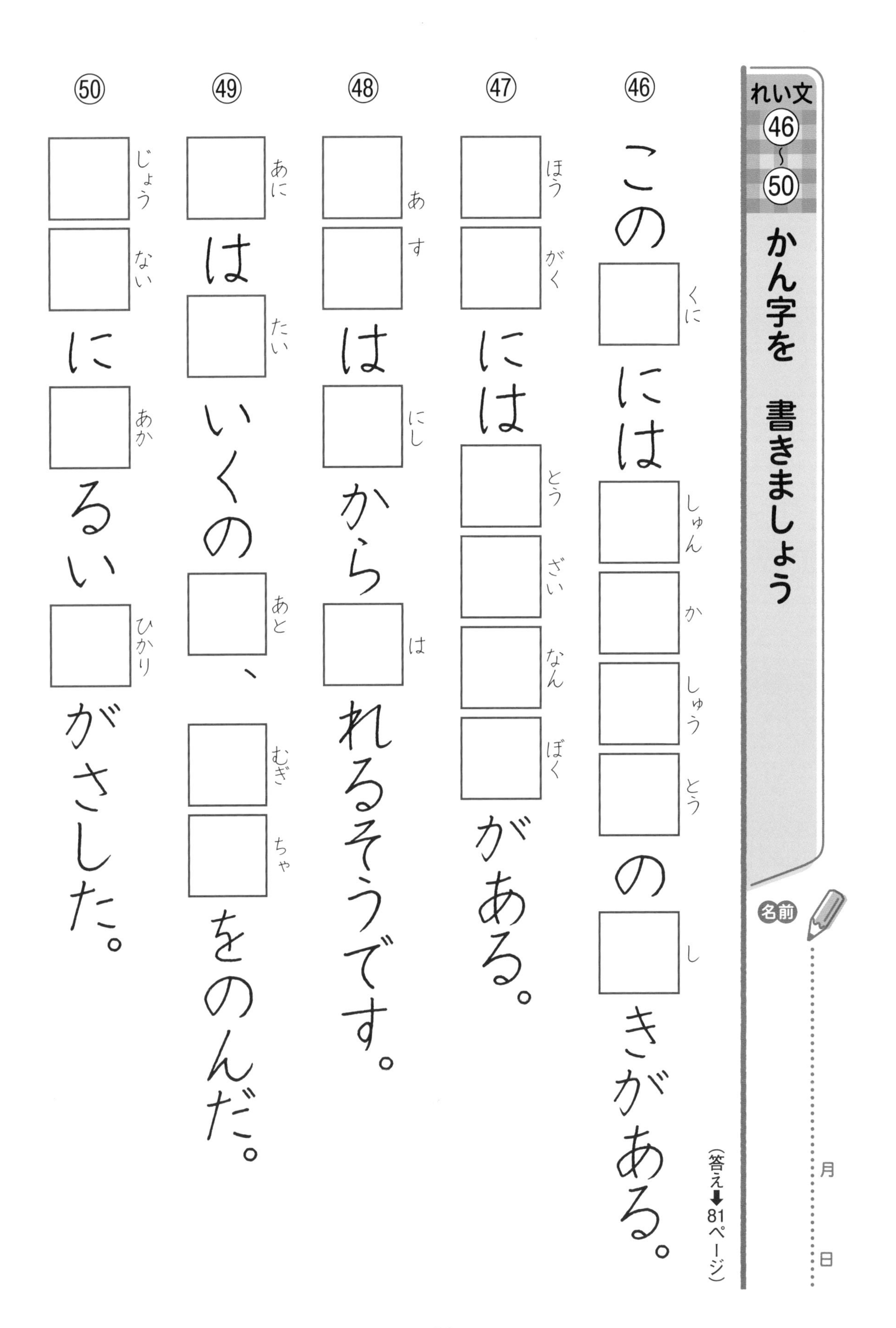

れい文 ㊻〜㊿

かん字を　書きましょう

名前

月　　日

（答え➡81ページ）

㊻ この□(くに)には□(しゅん)□(か)□(しゅう)□(とう)の□(し)きがある。

㊼ □(ほう)□(がく)には□(とう)□(ざい)□(なん)□(ぼく)がある。

㊽ □(あ)□(す)は□(にし)から□(は)れるそうです。

㊾ □(あに)は□(たい)いくの□(あと)、□(むぎ)□(ちゃ)をのんだ。

㊿ □(じょう)□(ない)に□(あか)るい□(ひかり)がさした。

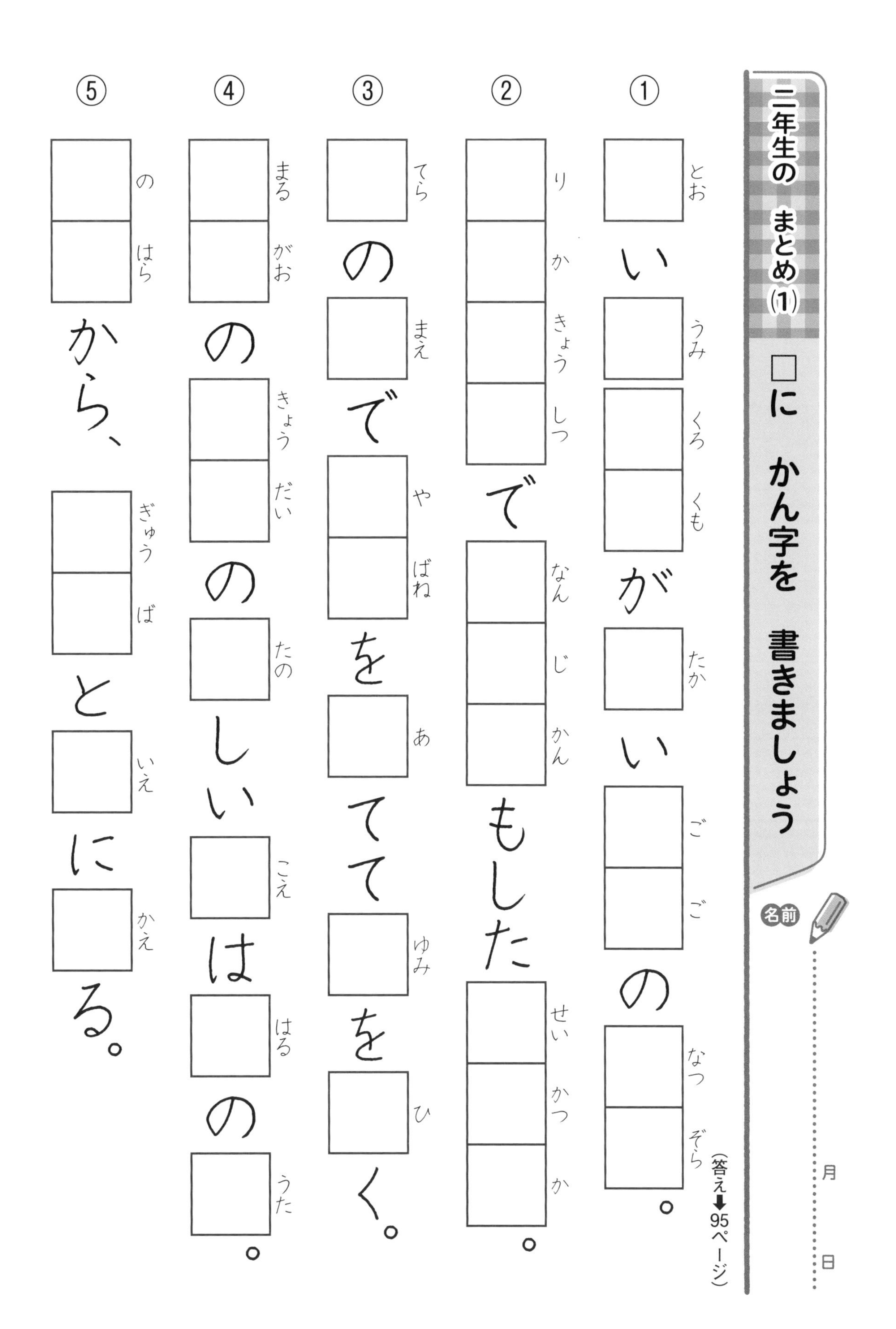

二年生の まとめ(1)

□に かん字を 書きましょう

名前　　月　　日

(答え⬇95ページ)

① □(とお)い□(うみ)□□(くろくも)が□(たか)い□□(ごご)の□□(なつぞら)。

② □□□□(りかきょうしつ)で□□□(なんじかん)もした□□□(せいかつか)。

③ □(てら)の□(まえ)で□□(やばね)を□(あ)てて□(ゆみ)を□(ひ)く。

④ □□(まるがお)の□□(きょうだい)の□(たの)しい□(こえ)は□(はる)の□(うた)。

⑤ □□(のはら)から、□□(ぎゅうば)と□(いえ)に□(かえ)る。

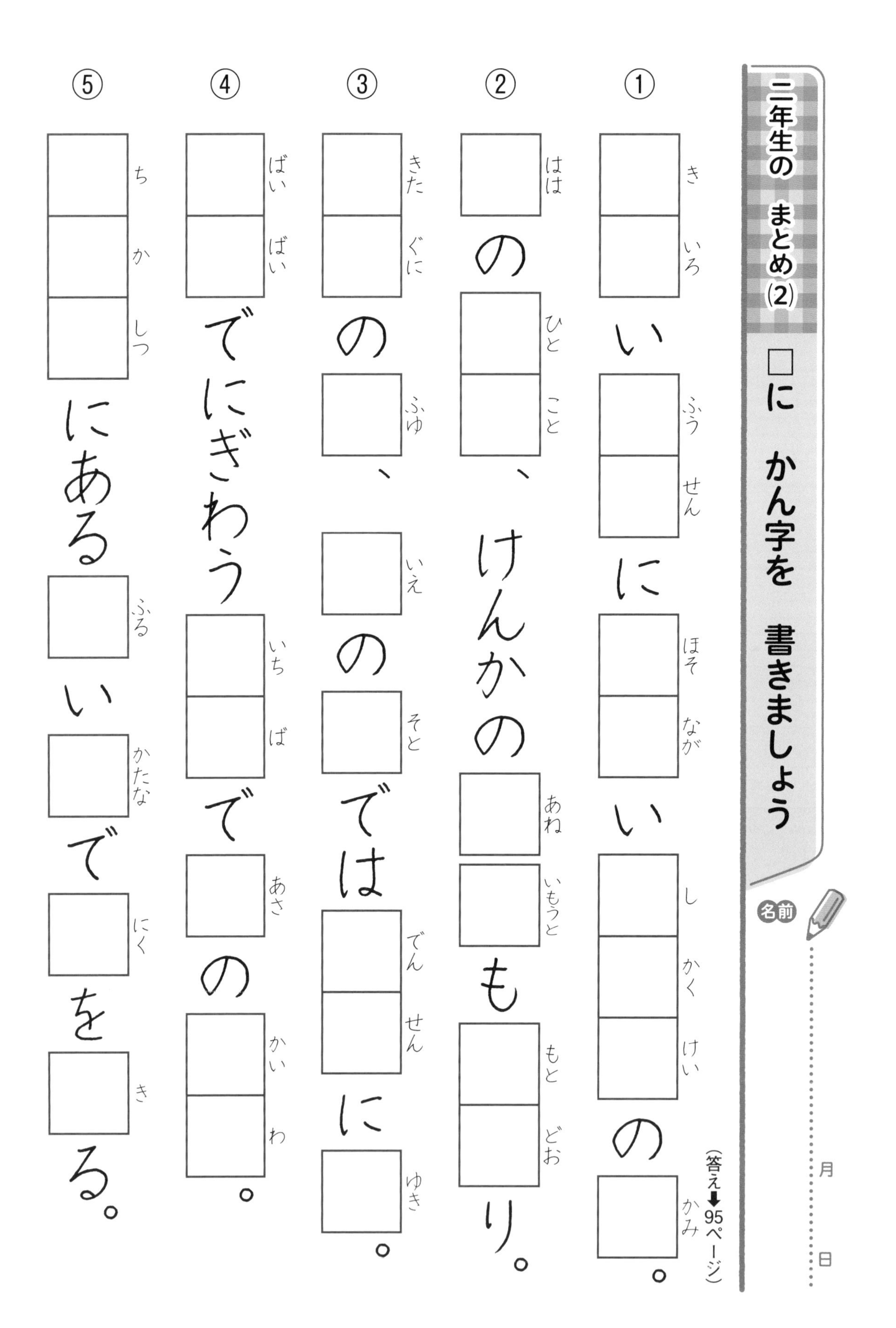

二年生の　まとめ⑵

□に　かん字を　書きましょう

名前

月　日

（答え⬇95ページ）

① □□（きいろ）い□□（ふうせん）に□□（ほそなが）い□□□（しかくけい）の□（かみ）。

② □（はは）の□□（ひとこと）、けんかの□□（あねいもうと）も□□（もとどお）り。

③ □□（きたぐに）の□（ふゆ）、□（いえ）の□（そと）では□□（でんせん）に□（ゆき）。

④ □□（ばいばい）でにぎわう□□（いちば）で□（あさ）の□□（かいわ）。

⑤ □□□（ちかしつ）にある□（ふる）い□（かたな）で□（にく）を□（き）る。

二年生の まとめ⑶

□に かん字を 書きましょう

名前　　月　　日

（答え⬇95ページ）

① □(よる)□(はし)って□(まい)□(にち)□(けい)□(さん)□(ちち)□(おや)の□(まん)□(ぽ)□(けい)。

② □(さと)の□(ひる)□(いわ)かげに□(あたま)□(だ)す□(いけ)の□(きん)□(ぎょ)。

③ □(ず)□(が)□(こう)□(さく)で□(おも)いこめた□(しょう)□(ねん)の□(え)。

④ □(こん)□(しゅう)も□(とも)だちと□(い)った□(ちか)い□(こう)□(えん)。

⑤ □(みなみ)から□(き)た□(とり)が、□(あ)け□(がた)に□(な)いた。

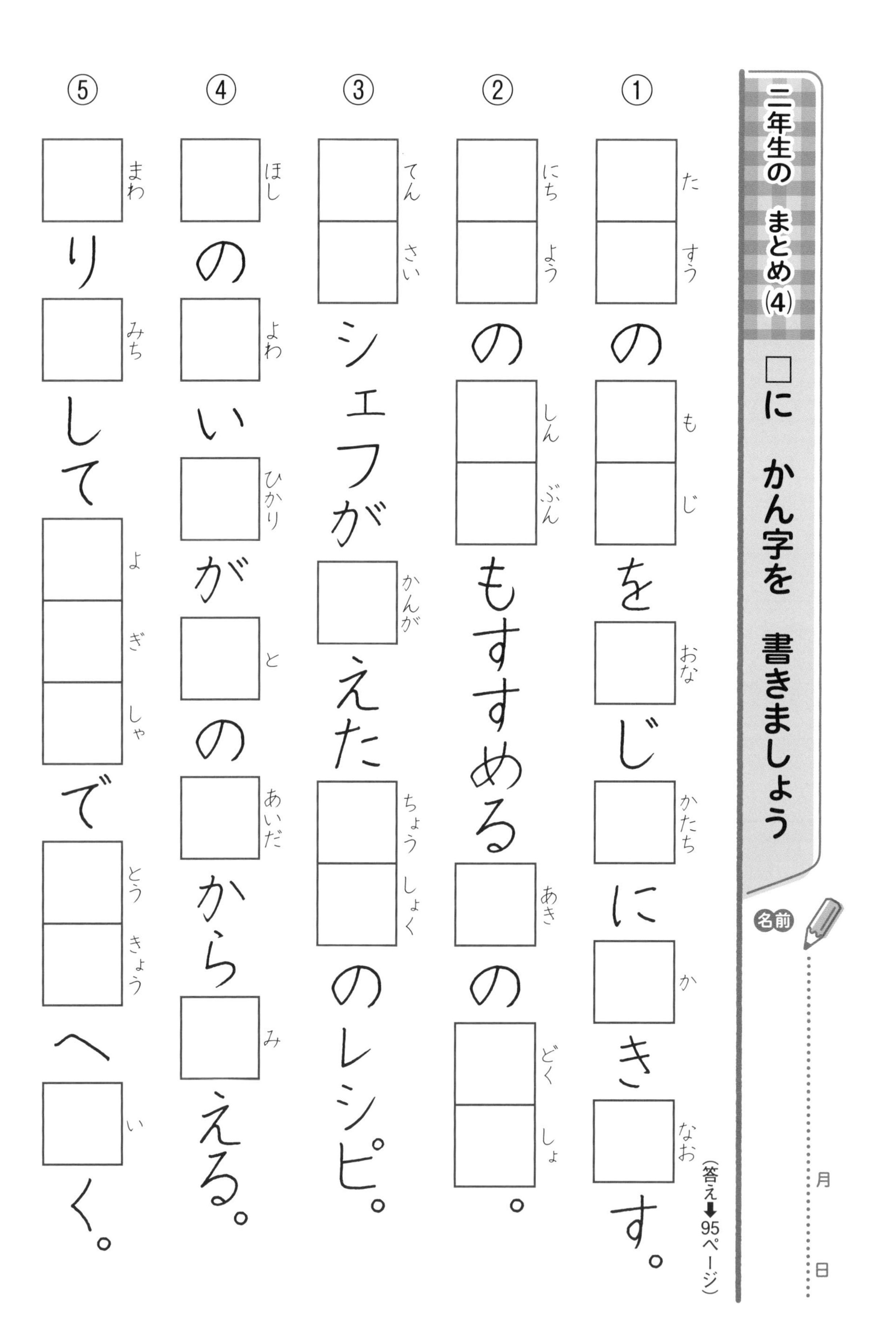

二年生の　まとめ(4)

□に　かん字を　書きましょう

名前

月　日

(答え➡95ページ)

① □□(たすう)の□□(もじ)を□(おな)じ□(かたち)に□(か)き□(なお)す。

② □□(にちよう)の□□(しんぶん)もすすめる□(あき)の□□(どくしょ)。

③ □□(てんさい)シェフが□(かんが)えた□□(ちょうしょく)のレシピ。

④ □(ほし)の□(よわ)い□(ひかり)が□(と)の□(あいだ)から□(み)える。

⑤ □(まわ)り□(みち)して□□□(よぎしゃ)で□□(とうきょう)へ□(い)く。

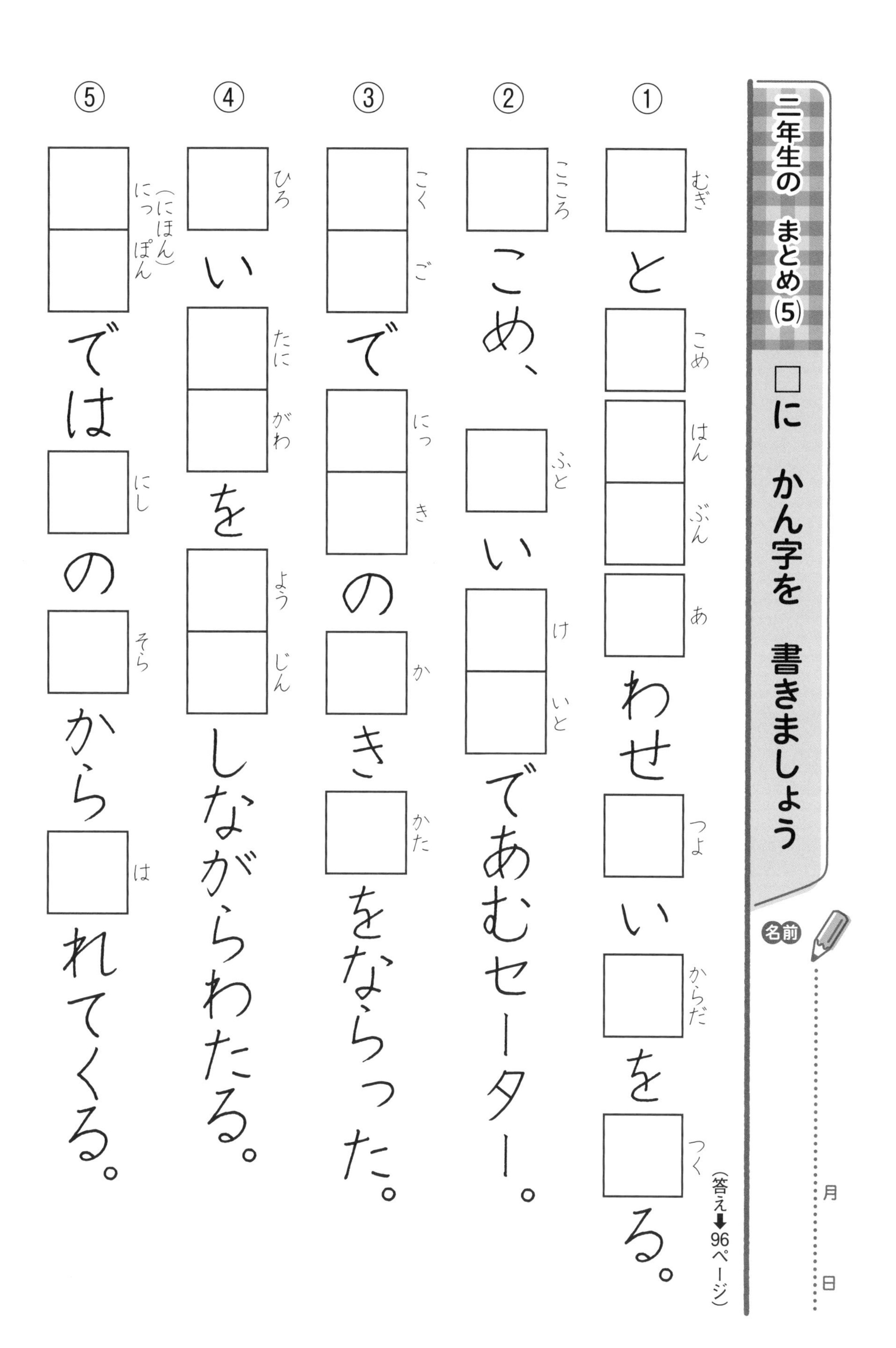

二年生の まとめ(5)

□に かん字を 書きましょう

名前

月　日

(答え↓96ページ)

① □(むぎ)と□(こめ)□□(はんぶん)□(あ)わせ□(つよ)い□(からだ)を□(つく)る。

② □(こころ)こめ、□(ふと)い□□(けいと)であむセーター。

③ □□(こくご)で□□(にっき)の□(か)き□(かた)をならった。

④ □(ひろ)い□□(たにがわ)を□□(ようじん)しながらわたる。

⑤ □□(にっぽん)(にほん)では□(にし)の□(そら)から□(は)れてくる。

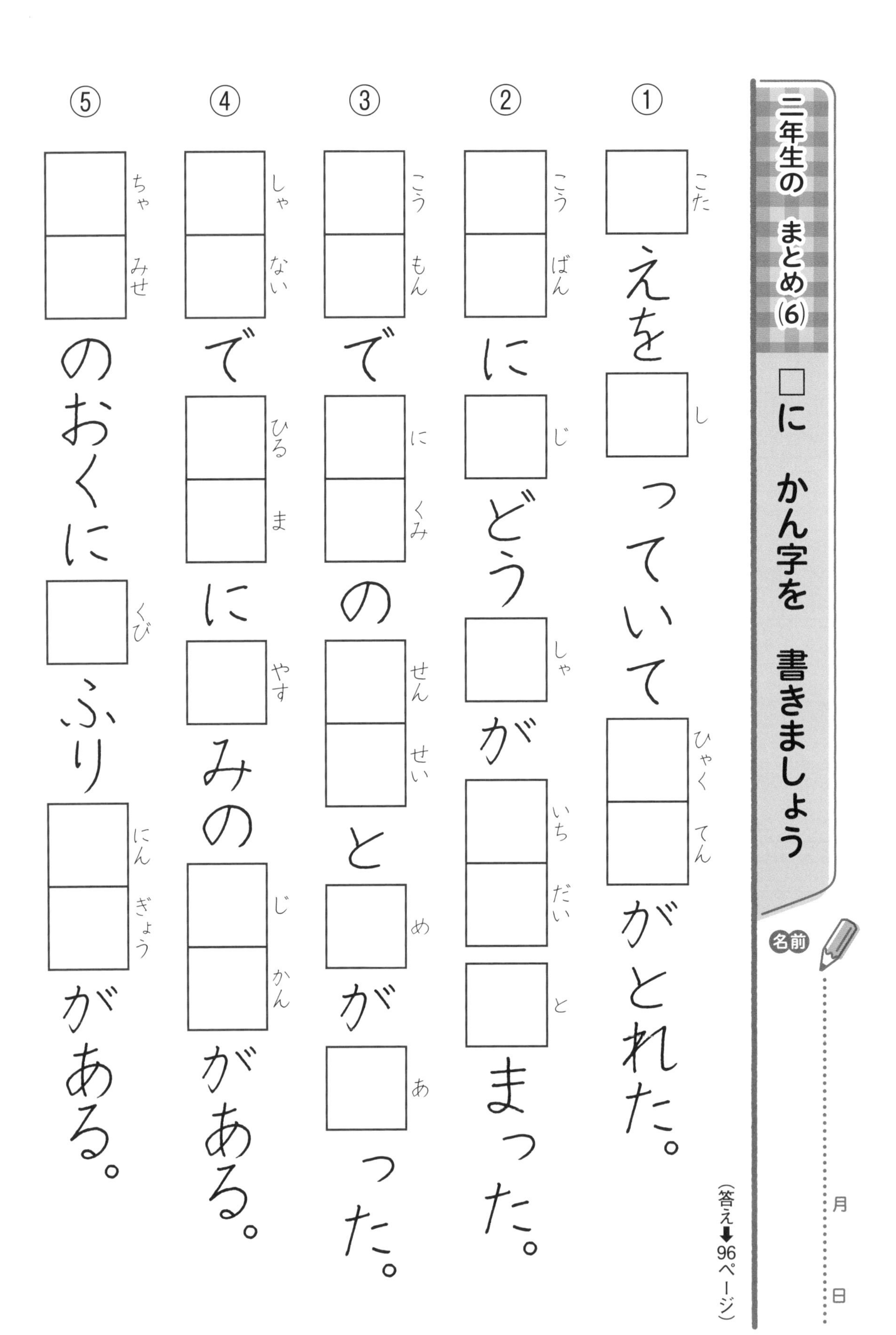

二年生の　まとめ⑹

□に　かん字を　書きましょう

名前

月　日

（答え➡96ページ）

① □（こた）えを□（し）っていて□□（ひゃくてん）がとれた。

② □□（こうばん）に□（じ）どう□（しゃ）が□□（いちだい）□（と）まった。

③ □□（こうもん）で□□（にくみ）の□□（せんせい）と□（め）が□（あ）った。

④ □□（しゃない）で□□（ひるま）に□（やす）みの□□（じかん）がある。

⑤ □□（ちゃみせ）のおくに□（くび）ふり□□（にんぎょう）がある。

答え

〈同じぶ分をもつかん字　60ページ〉
(1) じ　じ
(2) こう　こう　こう
(3) せい　せい
(4) り　り
(5) えん　えん

〈まとめ(1)　89ページ〉
① 遠　海　黒雲　高　午後　夏空
② 理科教室　何時間　生活科
③ 寺　前　矢羽　当　弓　引
④ 丸顔　兄弟　楽　声　春　歌
⑤ 野原　牛馬　家　帰

〈まとめ(2)　90ページ〉
① 黄色　風船　細長　四角形　紙
② 母　一言　姉　妹　元通
③ 北国　冬　家　外　電線　雪
④ 売買　市場　朝　会話
⑤ 地下室　古　刀　肉　切

〈まとめ(3)　91ページ〉
① 夜　走　毎日　計算　父親　万歩計
② 里　昼　岩　頭出　池　金魚
③ 図画工作　思　少年　絵
④ 今週　友　行　近　公園
⑤ 南　来　鳥　明　方　鳴

〈まとめ(4)　92ページ〉
① 多数　文字　同　形　書　直
② 日曜　新聞　秋　読書
③ 天才　考　朝食
④ 星　弱　光　戸　間　見
⑤ 回　道　夜汽車　東京　行

〈まとめ(5)　93ページ〉

① 麦　米　半分　合　強　体　作
② 心　太　毛糸
③ 国語　日記　書　方
④ 広　谷川　用心
⑤ 日本　西　空　晴

〈まとめ(6)　94ページ〉

① 答　知　百点
② 交番　自　車　一台　止
③ 校門　二組　先生　目　合
④ 社内　昼間　休　時間
⑤ 茶店　首　人形

【参考資料】

＊本書の漢字解説は以下の資料を参考にさせていただきました。

『インデックスフォント今昔文字鏡プロフェッショナル版』（紀伊國屋書店）
『漢字のなりたち物語』阿辻哲次（講談社）
『漢字の字源』阿辻哲次（講談社）
『漢字の謎解明講座』（日本漢字検定協会）
『漢字百話』白川静（中央公論新社）
『ことばのしるべ』（学校図書）
『字通』白川静（平凡社）
『字統』白川静（平凡社）
『常用字解』白川静（平凡社）
『白川静『文字講話』シリーズ』監修白川静（文字文化研究所）
『白川静式小学校漢字字典』小寺誠（フォーラム・A）
『新潮日本語漢字辞典』（新潮社）
『青銅器の世界』パンフレット（白鶴美術館）
『説文解字』許真（中国書店印影本）
『例解小学漢字辞典』（三省堂）
『Ｓｕｐｅｒ日本語大辞典全ＪＩＳ漢字版』（学習研究社）